Grillé

ISBN : 979-10-301-0117-1
Dépôt légal : octobre 2016
Imprimé en Espagne

Tana éditions, un département d'Édi8
12, avenue d'Italie
75013 Paris
Tél. : 01 44 16 09 00
Fax : 01 44 16 09 01
www.tana.fr

Hugo Desnoyer

Grillé

60 RECETTES DE VIANDES GRILLÉES, RÔTIES, MIJOTÉES ET BRAISÉES

RECETTES ET STYLISME : JULIE SOUCAIL
PHOTOGRAPHIES : LUCIE SASSIAT

Tana
éditions

Mijoté/braisé

Rôti

Sommaire

Grillé/Poêlé

→ Agneau

→ Bœuf

→ Poulet

→ Porc

→ Veau

Recettes du lendemain

Les viandes

Agneau

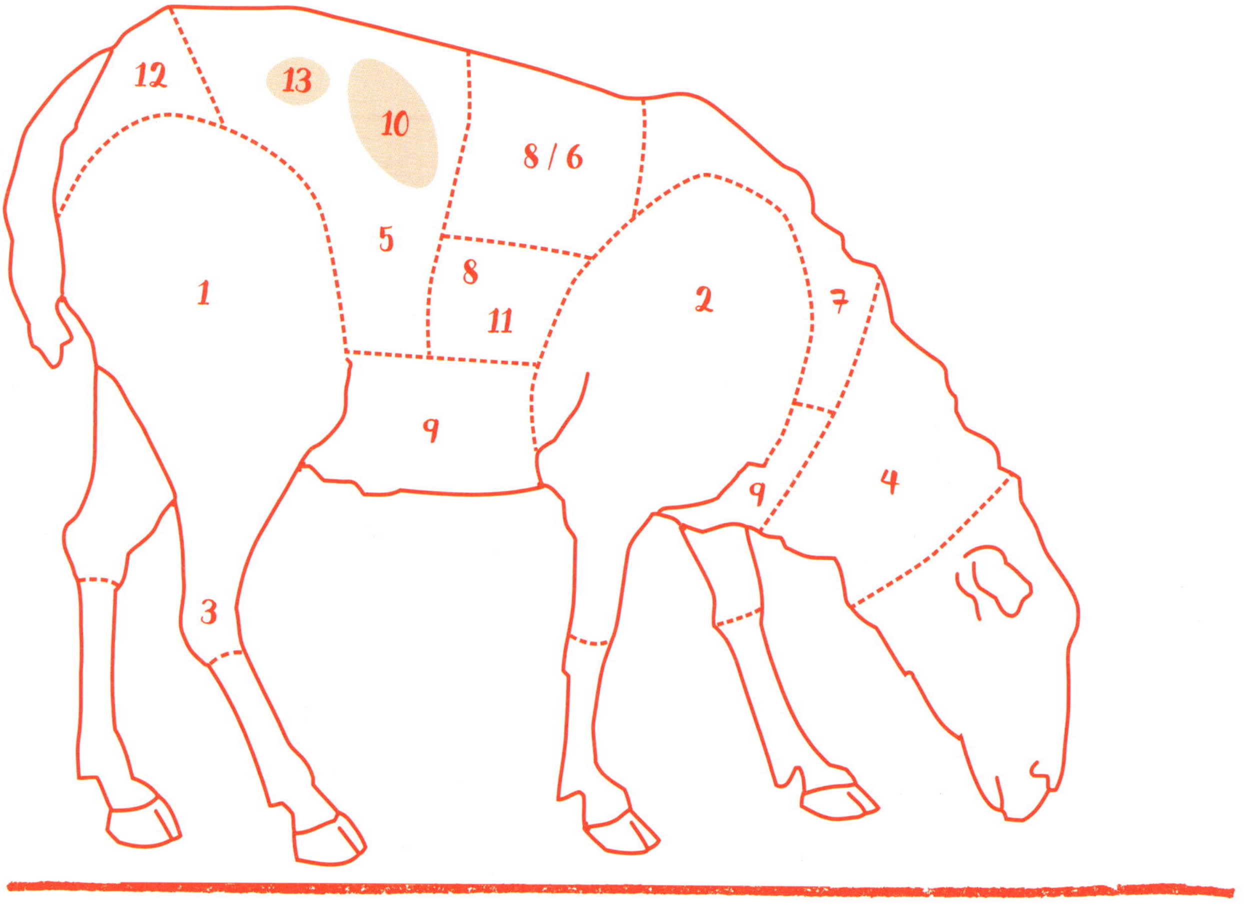

À chaque morceau, sa cuisson :

MIJOTÉ / BRAISÉ

1 Gigot
2 Épaule
3 Souris
4 Collier

RÔTI

1 Gigot
2 Épaule
3 Souris
5 Filet
6 Carré
7-8 Côtelette
9 Poitrine
12 Selle

GRILLÉ / POÊLÉ

1 Gigot
7-8 Côtelette
10 Foie
11 Épigramme
12 Selle
13 Rognon

Bœuf

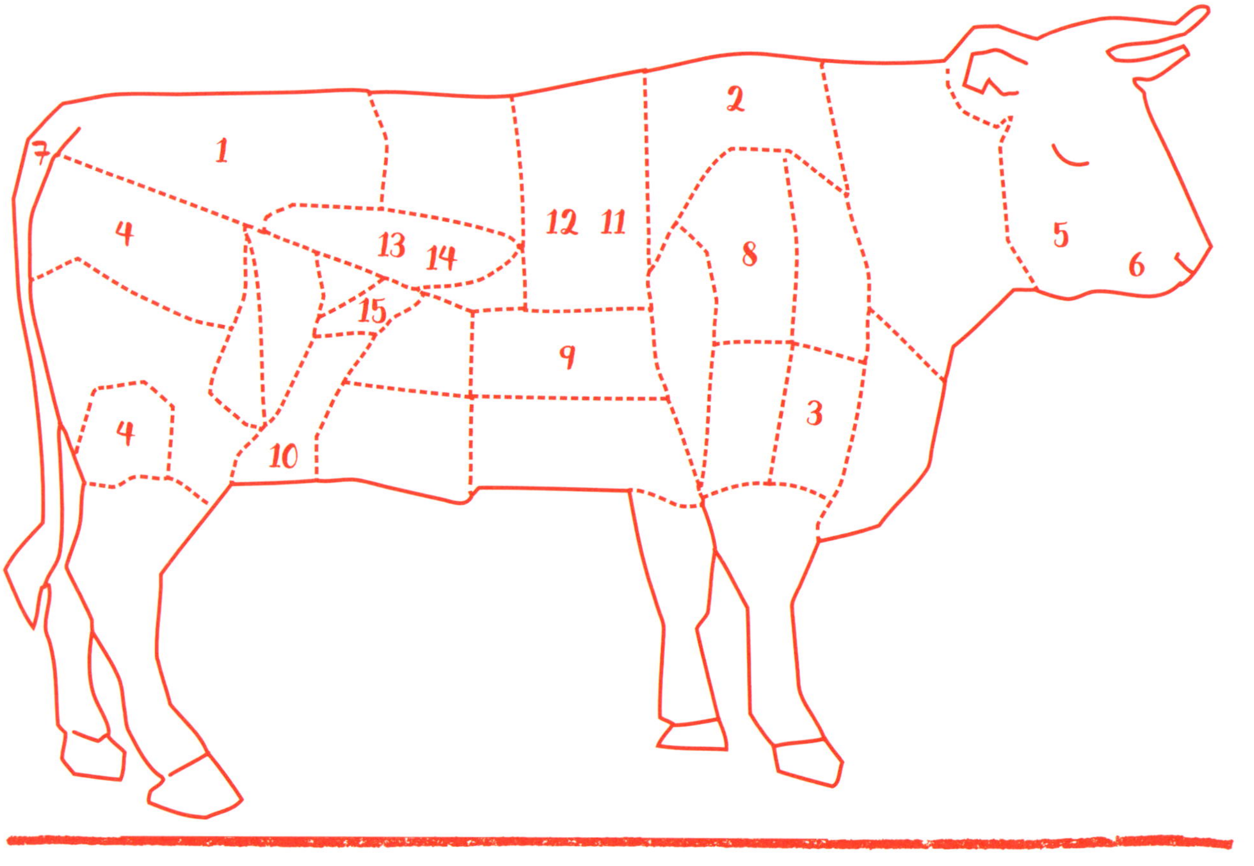

À chaque morceau, sa cuisson :

MIJOTÉ / BRAISÉ

1 Rumsteck
2 Basse côte
3 Bourguignon-jumeau
4 Gîte
5 Joue
6 Langue
7 Queue
8 Paleron
9 Plat de côte

GRILLÉ / POÊLÉ

1 Rumsteck
2 Basse côte
8 Paleron
10 Bavette
11 Côte de bœuf
12 Entrecôte
13 Filet
14 Tournedos
15 Hampe

RÔTI

1 Rumsteck
2 Basse côte
8 Paleron
10 Bavette
11 Côte de bœuf
12 Entrecôte
13 Filet
14 Tournedos

Porc

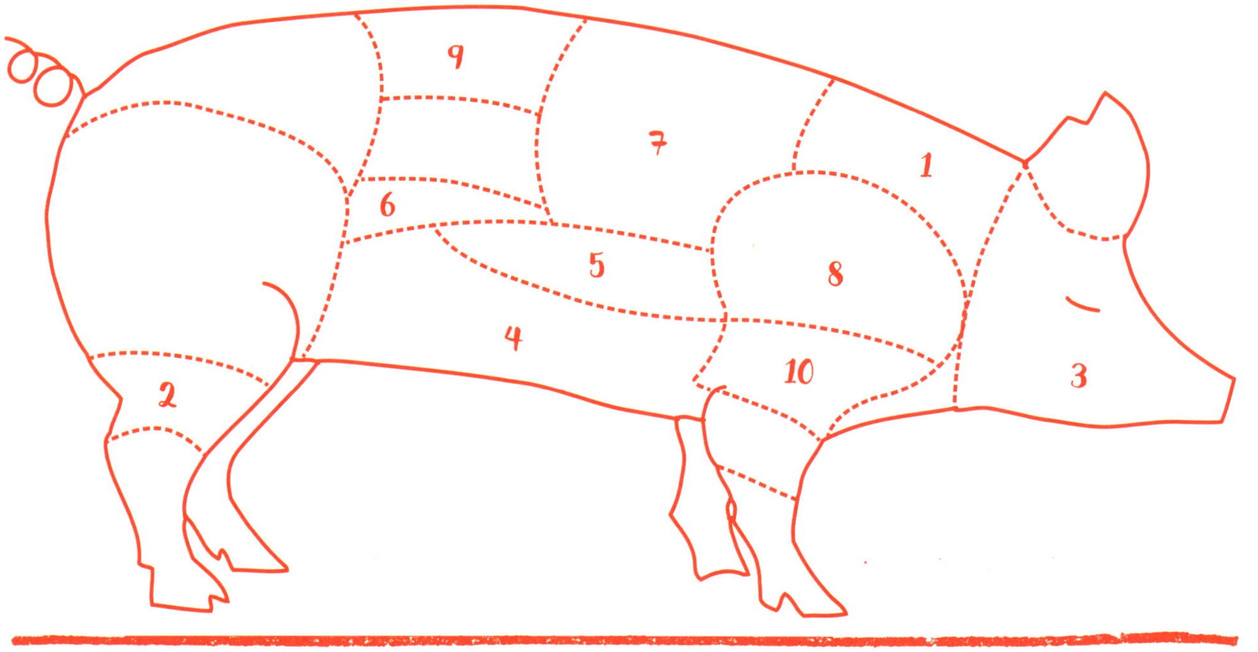

À chaque morceau, sa cuisson :

MIJOTÉ / BRAISÉ

1 Échine
2 Jarret
3 Joue
4 Poitrine
5 Travers
6 Filet mignon
7 Carré
8 Palette

RÔTI

1 Échine
2 Jarret
5 Travers
6 Filet mignon
7 Carré

GRILLÉ / POÊLÉ

1 Échine
4 Poitrine
5 Travers
6 Filet mignon
9 Côte filet
10 Épaule

Poulet

À chaque morceau, sa cuisson :

MIJOTÉ / BRAISÉ

1 Cou
2 Poitrine
3 Aile
4 Cuisse
5 Pilon

RÔTI

2 Poitrine
3 Aile
4 Cuisse
5 Pilon
6 Dos

GRILLÉ / POÊLÉ

1 Cou
3 Aile
4 Cuisse
5 Pilon
6 Dos

Veau

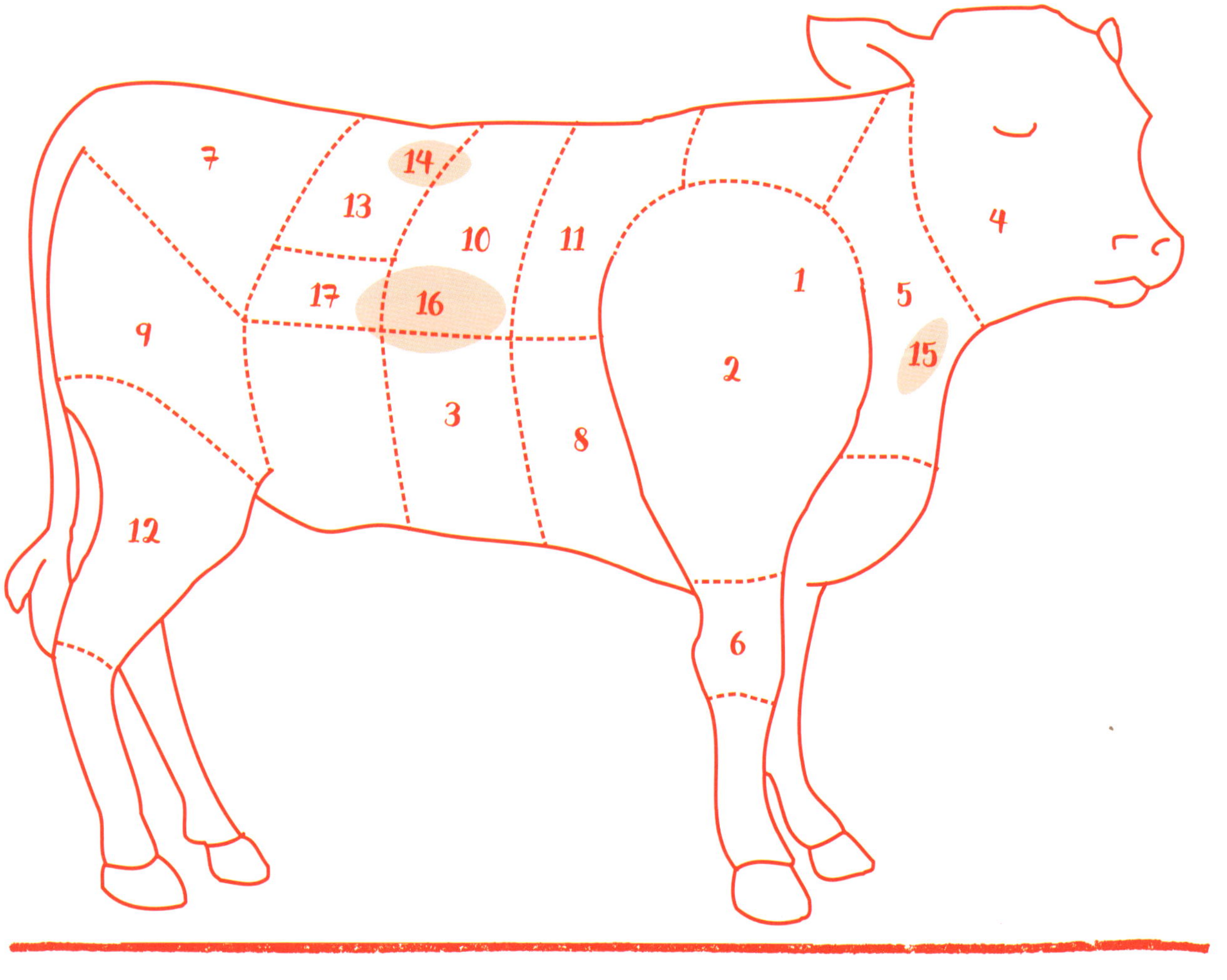

À chaque morceau, sa cuisson :

MIJOTÉ / BRAISÉ

1	Paleron
2	Épaule
3	Tendron
4	Joue
5	Collier
6	Jarret
7	Quasi
8	Poitrine
9	Noix
10-11	Côte de veau
12	Rouelle

RÔTI

7	Quasi
8	Poitrine
9	Noix
12	Rouelle
13	Longe

GRILLÉ / POÊLÉ

1	Paleron
2	Épaule
3	Tendron
7	Quasi
9	Noix
10-11	Côte de veau
14	Rognon
15	Ris
16	Foie
17	Filet

Mijoté/
braisé

COLOMBO D'AGNEAU

PRÉPARATION 25 MIN • CUISSON 1 H 10 • REPOS 2 H AU MINIMUM

ingrédients pour 4 personnes

- **1 oignon**
- **2 gousses d'ail**
- **Le jus de 2 citrons verts**
- **1 branche de thym**
- **1 feuille de laurier**
- **800 g d'épaule d'agneau coupée en cubes**
- **1 courgette**
- **1 aubergine**
- **4 pommes de terre moyennes**
- **2 c. à s. d'huile d'olive**
- **1 c. à s. de pâte de colombo**
- **1/2 c. à c. de piment de Cayenne (facultatif, pour un plat plus épicé)**
- **4 branches de persil ciselé**
- **Sel, poivre du moulin**

1 Préparez la marinade. Épluchez et émincez l'oignon et l'ail, ajoutez le jus des citrons, le thym et le laurier, salez et poivrez, mélangez bien l'ensemble. Versez la marinade dans un plat creux, ajoutez la viande, mélangez soigneusement pour que tous les morceaux soient bien enrobés.

2 Couvrez hermétiquement de film alimentaire et réservez au frais pendant au moins 2 heures.

3 Lavez, rincez la courgette et l'aubergine. Coupez la courgette en rondelles et l'aubergine en dés. Épluchez, lavez et rincez les pommes de terre, coupez-les en 4. Égouttez la viande au-dessus d'un récipient pour récupérer la marinade ainsi que les aromates.

4 Faites chauffer l'huile dans une cocotte et faites-y rissoler la viande. Retirez la viande de la cocotte, ajoutez un peu d'huile si nécessaire puis faites revenir les aromates de la marinade. Délayez ensuite la pâte de colombo jusqu'à ce qu'elle ait complètement fondu, versez le jus de la marinade.

5 Replacez la viande dans la cocotte, ajoutez les courgettes, les aubergines, les pommes de terre et le piment. Mélangez puis couvrez le tout d'eau. Laissez mijoter pendant 1 heure en remuant de temps en temps. Goûtez et rectifiez l'assaisonnement si nécessaire.

6 Servez chaud, parsemez de persil ciselé.

ÉPAULE D'AGNEAU À LA BORDELAISE

PRÉPARATION 25 MIN • CUISSON 1 H 15

ingrédients pour 4 personnes

- **600 g de petites pommes de terre**
- **500 g de cèpes**
- **3 gousses d'ail**
- **1/2 bouquet de persil plat**
- **5 c. à s de graisse d'oie**
- **750 g d'épaule d'agneau désossée et coupée en gros cubes**
- **Sel, poivre du moulin**

1 Épluchez, rincez et séchez les pommes de terre, coupez-les en dés.

2 Coupez l'extrémité terreuse des cèpes puis essuyez-les soigneusement. Coupez-les en lamelles s'ils sont trop gros.

3 Épluchez et hachez l'ail. Effeuillez et ciselez le persil.

4 Faites chauffer 1 c. à s. de graisse d'oie dans une sauteuse et faites-y colorer la viande de tous côtés. Salez et poivrez, laissez cuire sur feu doux pendant 30 minutes.

5 Faites chauffer 3 c. à s. de graisse d'oie dans une grande poêle et faites-y dorer les pommes de terre jusqu'à ce qu'elles soient bien dorées. Retirez-les de la poêle et réservez-les au chaud. Ajoutez le restant de graisse d'oie et faites-y sauter les cèpes pendant environ 10 minutes, jusqu'à ce qu'ils soient fondants. Ajoutez-les ensuite ainsi que les pommes de terre, l'ail et le persil au contenu de la cocotte. Faites revenir l'ensemble pendant 10 minutes avant de servir.

GIGOT À LA CUILLÈRE

PRÉPARATION 15 MIN • CUISSON 7 H

ingrédients pour 6 personnes

- **1 cube de bouillon de volaille**
- **1 carotte**
- **1 oignon**
- **1 tête d'ail**
- **3 c. à s. d'huile**
- **1 gigot d'agneau de 2 kg**
- **200 g de lard fumé coupé en cubes**
- **1 bouquet garni**
- **Sel, poivre du moulin**

1 Préchauffez le four à 120 °C (th. 4).

2 Délayez le bouillon de volaille dans 25 cl d'eau chaude. Épluchez et lavez la carotte, coupez-la en gros morceaux. Épluchez l'oignon et détaillez-le en gros cubes. Ouvrez la tête d'ail et séparez les gousses en conservant leur peau.

3 Faites chauffer l'huile dans une cocotte allant au four et faites-y dorer le gigot sur toutes les faces. Retirez le gigot de la cocotte et remplacez-le par les légumes, les cubes de lard fumé et les gousses d'ail en chemise. Faites revenir le tout pendant 3 minutes puis éteignez le feu. Replacez le gigot dans la cocotte, versez le bouillon de volaille, ajoutez le bouquet garni, salez légèrement et poivrez.

4 Enfournez pour 7 heures en vérifiant de temps en temps qu'il reste du liquide dans la cocotte, ajoutez un peu d'eau chaude si nécessaire.

5 Utilisez une cuillère à soupe pour servir ce gigot très, très tendre et fondant.

NAVARIN D'AGNEAU

PRÉPARATION 20 MIN • CUISSON 2 H

ingrédients pour 4 personnes

- **150 g de jeunes navets**
- **150 g de carottes**
- **5 petits oignons nouveaux**
- **1 gousse d'ail**
- **20 g de beurre**
- **2 c. à c. de sucre en poudre**
- **2 c. à s d'huile de tournesol**
- **800 g de viande d'agneau (épaule, collier), coupée en gros cubes**
- **1 c. à s. de farine**
- **12 cl de vin blanc**
- **1 cube de bouillon de volaille**
- **1 c. à s. de concentré de tomate**
- **1 bouquet garni**
- **150 g de haricots verts frais**
- **150 g de petits pois frais, écossés**
- **400 g de petites pommes de terre nouvelles**
- **5 branches de persil plat, effeuillées et ciselées**
- **Sel, poivre du moulin**

1 Épluchez les navets et les carottes, coupez les premiers en quartiers et les secondes en bâtonnets, retirez la première couche des oignons nouveaux, coupez-les en quartiers. Épluchez et hachez finement l'ail.

2 Faites fondre le beurre dans une cocotte, ajoutez les navets, les carottes et les oignons ainsi que le sucre, faites revenir le tout pendant 10 minutes, sur feu moyen, en remuant fréquemment. Retirez les légumes de la cocotte, ajoutez l'huile et faites colorer la viande de tous côtés jusqu'à ce qu'elle soit dorée. Ajoutez l'ail, faites revenir à nouveau 2 minutes puis saupoudrez de farine, prolongez la cuisson pendant 2 minutes tout en remuant. Versez le vin blanc, émiettez la tablette de bouillon de volaille, ajoutez le concentré de tomate et le bouquet garni, mélangez puis couvrez et laissez cuire pendant 1 heure à petits frémissements en remuant de temps en temps.

3 Pendant ce temps, équeutez les haricots verts et coupez-les en 2. Faites chauffer un grand volume d'eau dans une casserole. À ébullition, plongez-y les haricots verts, au bout de 7 minutes, ajoutez les petits pois et prolongez la cuisson pendant 6 minutes. Égouttez les légumes et passez-les sous l'eau froide pour les garder al dente.

4 Rincez et séchez les pommes de terre, coupez-les en 2 si elles sont trop grosses. Après 1 heure de cuisson, ajoutez-les au contenu de la cocotte. Au bout de 30 minutes, ajoutez les carottes, les navets et les oignons. Lorsque les légumes sont tendres, incorporez les petits pois et les haricots verts, laissez-les réchauffer quelques minutes, poivrez, salez si nécessaire puis retirez du feu.

5 Servez le navarin, parsemé de persil ciselé.

BOURGUIGNON DE JOUES DE BŒUF

PRÉPARATION 25 MIN • CUISSON 3 H 10

ingrédients pour 4 personnes

- **1 kg de carottes**
- **5 échalotes**
- **1 oignon**
- **4 clous de girofle**
- **1 c. à c. de poivre en grains**
- **3 c. à s. d'huile neutre**
- **1 kg de joues de bœuf coupées en gros cubes**
- **2 c. à s. de farine**
- **75 cl de vin rouge**
- **2 cubes de bouillon de bœuf**
- **3 branches de thym**
- **2 feuilles de laurier**
- **2 c. à s. de persil haché**
- **Sel**

1 Épluchez, lavez et séchez les carottes, coupez-les en rondelles. Épluchez et émincez finement les échalotes. Pelez l'oignon et piquez-le de clous de girofle. Écrasez légèrement les grains de poivre.

2 Faites chauffer l'huile dans une cocotte, faites-y rissoler les cubes de viande jusqu'à ce qu'ils soient dorés. Retirez-les de la cocotte et ajoutez les échalotes. Faites revenir sur feu doux pendant 4 minutes sans les laisser colorer. Saupoudrez de farine et faites cuire à nouveau de 2 à 3 minutes, en remuant sans cesse.

3 Versez le vin rouge, émiettez les cubes de bouillon, ajoutez le thym, le laurier et les grains de poivre. Mélangez puis incorporez la viande, les carottes et l'oignon. Versez de l'eau jusqu'à couvrir la viande, laisser cuire 3 heures à couvert en mélangeant de temps en temps.

4 20 minutes avant la fin de la cuisson, retirez le couvercle pour faire épaissir la sauce. Goûtez et rectifiez l'assaisonnement si nécessaire.

5 Servez parsemé de persil haché avec des pommes de terre à la vapeur.

Astuce Pour un bourguignon encore plus savoureux, faites-le mijoter en deux fois : 1 h 30 la veille et 1 h 30 avant de servir.

CHILI CON CARNE

PRÉPARATION 10 MIN • CUISSON 3 H 30

ingrédients pour 4 personnes

- **3 c. à s. d'huile**
- **500 g de gîte coupé en gros cubes**
- **500 g de basses côtes coupées en gros cubes**
- **4 oignons émincés**
- **2 gousses d'ail hachées**
- **450 g de chair de tomates**
- **1 petite boîte de concentré de tomate**
- **20 cl de bouillon de bœuf**
- **3 c. à c. de poudre de chili**
- **400 g de haricots rouges en conserve**
- **200 g de maïs en grains**
- **Sel**

Pour servir
- **Cheddar râpé**
- **Crème fraîche épaisse**
- **Tranches de pain frais**

1 Faites chauffer l'huile dans une sauteuse ou une cocotte et faites-y dorer les viandes de tous côtés.

2 Retirez la viande et remplacez-la par les oignons et l'ail. Faites-les suer quelques minutes sans les colorer. Ajoutez ensuite la chair et le concentré de tomate, le bouillon de bœuf et la poudre de chili, mélangez l'ensemble puis laissez-le réduire une dizaine de minutes. Goûtez et rectifiez l'assaisonnement si nécessaire.

3 Remettez la viande dans la sauteuse ainsi que les haricots rouges, mélangez et laissez cuire 3 heures à couvert, en mélangeant de temps en temps. 10 minutes avant la fin de la cuisson, incorporez le maïs égoutté.

4 Servez le chili avec des tranches de bon pain frais, du cheddar râpé et de la crème fraîche épaisse.

DAUBE PROVENÇALE

PRÉPARATION 10 MIN • CUISSON 3 H • REPOS 12 H

ingrédients pour 8 personnes

- **3 carottes**
- **3 oignons**
- **3 c. à s. de cognac**
- **75 cl de vin blanc sec**
- **700 g de basses côtes coupées en cubes**
- **500 g de gîte coupé en cubes**
- **500 g de paleron coupé en cubes**
- **200 g de lard fumé**
- **3 c. à s. d'huile**
- **20 olives noires dénoyautées**
- **1 zeste d'orange**
- **1 bouquet garni (queues de persil, laurier, thym)**
- **400 g de tomates pelées (ou 4 tomates fraîches et mûres)**
- **1 pied de veau**
- **Sel, poivre du moulin**

1 Épluchez les carottes et les oignons. Rincez les carottes puis coupez-les en rondelles, émincez les oignons. Réunissez les légumes dans un plat creux, ajoutez le cognac et la moitié du vin blanc. Disposez les cubes de viande dans la marinade, couvrez hermétiquement et laissez reposer une nuit au frais.

2 Le lendemain, coupez le lard en cubes et faites-les dorer dans une poêle avec 1 cuillerée à soupe d'huile. Retirez les cubes de lard, égouttez-les sur du papier absorbant.

3 Égouttez la viande au-dessus d'un récipient, réservez la marinade.

4 Faites chauffer l'huile restante dans une cocotte et faites-y dorer la viande. Ajoutez la marinade, les légumes, les cubes de lard, les olives, le zeste d'orange, le bouquet garni, les tomates (coupées en quartiers si vous utilisez des tomates fraîches) le vin blanc restant et le pied de veau, salez et poivrez.

5 Faites mijoter à couvert pendant 3 heures à petits frémissements, jusqu'à ce que la viande soit bien tendre.

QUEUES DE BŒUF AU FOUR, AUX AGRUMES

PRÉPARATION 15 MIN • CUISSON 5 H

ingrédients pour 6 personnes

- **2 citrons jaunes bio ou 1 citron jaune et 1 citron bergamote, selon la saison**
- **1 orange bio**
- **2 queues de bœuf (environ 1,5 kg)**
- **2 feuilles de laurier**
- **1 filet d'huile d'olive**
- **Quelques brins de thym citron**
- **Sel**

1 Rincez et séchez les agrumes puis zestez l'intégralité de leurs écorces.

2 Retirez la ficelle autour des queues de bœuf puis disposez-les dans la lèchefrite avec les zestes d'agrumes et les feuilles de laurier. Arrosez d'1 bon filet d'huile d'olive, salez puis enfournez à 130 °C (th. 3-4) de 4 à 5 heures jusqu'à ce que la viande soit très fondante.

3 Retirez la viande du four, parsemez de thym citron effeuillé et servez.

QUEUES DE BŒUF, SAUCE MOUTARDE

PRÉPARATION 20 MIN • CUISSON 3 H 40

ingrédients pour 8 personnes

- **2 queues de bœuf ficelées en rosace**
- **2 clous de girofle**
- **1 cube de bouillon de légumes bio**
- **24 pommes de terre à chair ferme type charlotte ou belle de fontenay**
- **1 feuille de laurier**

Selon la saison : 3 oignons rouges ou 3 oignons jaunes ou 1 botte d'oignons nouveaux (ou encore un mélange des 3)

- **1 bouquet de persil plat**
- **Gros sel**

Pour la sauce moutarde

- **8 c. à s. de moutarde forte**
- **8 c. à s. de vinaigre de cidre, bio de préférence**
- **10 cl d'huile d'olive**

Pour servir

- **Moutarde forte**
- **Gros sel gris de l'île de Ré**
- **Cornichons au vinaigre**

1 Plongez les queues de bœuf dans un grand volume d'eau chaude de façon à ce qu'elles soient complètement immergées. Ajoutez les clous de girofle et la tablette de bouillon, couvrez et laissez cuire pendant 3 heures à petits frémissements.

2 Lavez les pommes de terre, faites-les cuire avec la peau dans un grand volume d'eau salée, avec la feuille de laurier de 30 à 40 minutes selon leur taille. Les pommes de terre doivent être bien cuites.

3 Épluchez les oignons et coupez-les en rondelles de 0,5 cm, si vous utilisez des oignons nouveaux, émincez-les ainsi que leurs tiges. Rincez, séchez puis effeuillez le persil.

4 Préparez la sauce moutarde : émulsionnez la moutarde et le vinaigre de cidre dans un saladier. Incorporez l'huile en filet puis délayez l'ensemble avec 8 louches de bouillon de cuisson chaud.

5 À l'aide d'une écumoire, retirez la viande du faitout. Dressez-la en rosace, au centre d'un grand plat ovale. Découpez les pommes de terre en tranches épaisses et disposez-les autour de la viande. Arrosez l'ensemble généreusement de sauce moutarde (réservez le reste) ainsi que d'un peu de bouillon de cuisson, tous les ingrédients doivent être bien imbibés. Dressez les rondelles d'oignon autour du plat, parsemez de persil principalement sur la viande et un peu sur les pommes de terre. Assaisonnez de gros sel.

6 Dressez de la moutarde, du gros sel ainsi que des cornichons au vinaigre dans des coupelles. Servez le plat accompagné des condiments ainsi que du restant de sauce moutarde afin que chacun puisse ajuster l'assaisonnement selon son goût.

Servi tiède, ce plat est incontestablement plus savoureux, il peut néanmoins être dégusté froid.

CURRY À LA THAÏLANDAISE

PRÉPARATION 20 MIN • CUISSON 35 MIN

ingrédients pour 4 personnes

- **600 g de filet mignon**
- **2 tiges de citronnelle**
- **1/2 poivron rouge**
- **1 aubergine**
- **1 c. à s. d'huile d'arachide**
- **2 c. à s. de pâte de curry vert (ou 1 c. à c. pour un goût moins piquant)**
- **60 cl de lait de coco**
- **2 c. à s. de sucre en poudre**
- **3 c. à s. de nuoc-mâm**

1 Coupez le filet mignon en lamelles. Retirez l'écorce de la citronnelle puis taillez le cœur tendre en fines rondelles. Lavez le poivron. Retirez les graines et le pédoncule et coupez-le en lanières. Lavez l'aubergine et coupez-la en petits cubes.

2 Faites chauffer l'huile dans un wok ou une grande poêle puis ajoutez la pâte de curry. Après 1 minute, versez un peu de lait de coco en remuant, puis, au bout de 2 minutes, encore un peu de lait de coco. Continuez ainsi jusqu'à avoir versé la moitié du lait de coco, puis ajoutez les morceaux de viande et laissez cuire pendant 10 minutes.

3 Ajoutez ensuite le lait de coco restant, les rondelles de citronnelle, le poivron et les cubes d'aubergine : la viande doit être immergée dans le liquide.

4 Incorporez le sucre et le nuoc-mâm. Mélangez et laissez cuire pendant 25 minutes.

5 Servez le curry accompagné de riz blanc.

ÉCHINE DE PORC CONFITE, AIL ROSE ET SAUGE

PRÉPARATION 10 MIN • CUISSON 4 H

ingrédients pour 6 personnes

- **1 c. à s. de graisse de canard**
- **1 échine de porc ficelée de 1,5 kg**
- **12 gousses d'ail rose avec leur peau (en chemise)**
- **10 feuilles de sauge fraîches**
- **Fleur de sel**
- **Poivre du moulin**

1 Faites chauffer la graisse de canard dans une cocotte en fonte et faites-y dorer l'échine de porc sur toutes les faces.

2 Hors du feu, ajoutez les gousses d'ail en chemise, les feuilles de sauge, 20 cl d'eau, la fleur de sel, et quelques tours de moulin à poivre. Refermez hermétiquement la cocotte et placez-la dans le four froid.

3 Faites cuire pendant 4 heures à 150 °C (th. 3) en retournant l'échine à mi-cuisson. Vérifiez qu'il reste toujours un peu de liquide au fond de la cocotte.

4 Servez cette échine confite à la cuillère avec les gousses d'ail en chemise.

Conseil Cette viande confite est encore plus savoureuse servie le lendemain après avoir été réchauffée.

JARRET DE PORC BRAISÉ À LA BIÈRE

PRÉPARATION 10 MIN • CUISSON 2 H 40

ingrédients pour 4 à 6 personnes

- **1 carotte**
- **1 oignon**
- **1 beau jarret de porc**
- **3 c. à s. d'huile neutre**
- **50 cl de bière blonde**
- **1 cube de bouillon de volaille**
- **3 clous de girofle écrasés**
- **1 branche de thym**
- **1 feuille de laurier**
- **1 c. à c. de grains de poivre noir écrasés**
- **Fleur de sel**

1 Préchauffez le four à 180 °C. (th. 6).

2 Épluchez, rincez et séchez la carotte. Coupez-la en gros morceaux. Épluchez puis coupez l'oignon en quartiers.

3 Faites dorer le jarret dans une cocotte chaude avec l'huile. Retirez le jarret, jetez la graisse de cuisson puis déglacez le fond de la cocotte avec la bière en raclant à l'aide d'une spatule pour décoller les sucs de cuisson. Émiettez le cube de bouillon, délayez-le dans le liquide. Ajoutez la carotte, l'oignon, les clous de girofle, le thym, le laurier, les grains de poivre puis le jarret.

4 Refermez la cocotte et enfournez pour 2 h 30.

5 Vérifiez en cours de cuisson qu'il reste toujours du liquide dans la cocotte, ajoutez un peu d'eau si nécessaire.

6 Découpez la viande en tranches, salez à la fleur de sel et servez avec des lentilles, du chou braisé (voir recette p. 94) ou des pommes de terre à la vapeur.

JOUES DE PORC À L'ORANGE

PRÉPARATION 15 MIN • REPOS : 6 H • CUISSON : 1 H 35

ingrédients pour 4 personnes

- **1 c. à s. de miel liquide**
- **Le jus de 2 oranges + 1 bande de zeste**
- **1 dosette de safran**
- **1 c. à c. de moutarde forte**
- **1 pincée de cannelle**
- **1 c. à c. de graines de coriandre concassées**
- **8 joues de porc**
- **2 c. à s. d'huile**
- **Sel, poivre du moulin**

1 Préchauffez le four à 180 °C (th. 6).

2 Préparez la marinade en délayant le miel avec le jus d'orange. Ajoutez le safran, la moutarde, la cannelle et les graines de coriandre. Taillez le zeste d'orange en fines lanières et ajoutez-le à la marinade. Salez et poivrez.

3 Déposez les joues dans ce mélange, couvrez hermétiquement et réservez au frais pendant 6 heures (ou toute une nuit si possible), en mélangeant de temps en temps.

4 Égouttez les joues de porc au-dessus d'un récipient pour récupérer la marinade.

5 Faites chauffer l'huile dans une poêle et faites dorer les joues. Transvasez-les dans une cocotte, versez la marinade, refermez la cocotte et enfournez pendant 1 h 30.

6 Servez les joues avec le jus de cuisson, accompagnées de semoule de blé ou de pâtes fraîches.

RIBS AU FOUR, SAUCE ANTOINE

PRÉPARATION 15 MIN • CUISSON 5 H

ingrédients pour 6 personnes

- **2 beaux travers de porc charnus avec leur couenne, non dégraissés**

Pour la sauce Antoine
- **1,5 l de bon coulis de tomates, bio de préférence**
- **4 c. à s. de moutarde**
- **3 c. à s. de miel**
- **3 c. à s. de cumin en poudre**
- **1 1/2 c. à s. de coriandre en poudre**
- **4 gousses d'ail hachées finement**
- **1 bonne pincée de thym déshydraté**
- **Quelques gouttes de Tabasco®**
- **Sel, poivre du moulin**

1 Préchauffez le four à 130 °C (th. 4-5).

2 Préparez la sauce Antoine en mélangeant tous les ingrédients.

3 Versez la sauce dans un grand plat allant au four, disposez les travers sur la sauce et enfournez de 4 à 5 heures à chaleur tournante. Les travers doivent être confits et la surface bien grillée.

4 Servez avec des pommes de terre cuites à l'eau ou à la vapeur.

SAUTÉ DE PORC AUX MIRABELLES

PRÉPARATION 10 MIN • CUISSON 1 H 30

ingrédients pour 4 personnes

- **1 oignon**
- **2 c. à s. d'huile**
- **800 g de sauté de porc**
- **3 c. à c. de sauce de soja**
- **1 c. à s. de miel**
- **1 c. à c. rase de cinq-épices**
- **15 cl de vin blanc sec**
- **1 c. à s. de vinaigre de cidre**
- **1/2 tablette de bouillon de volaille**
- **350 g de mirabelles dénoyautées fraîches ou surgelées**
- **1 c. à s. de persil ciselé**
- **Sel, poivre du moulin**

1 Épluchez et émincez l'oignon.

2 Faites chauffer l'huile dans une cocotte et faites-y dorer la viande. Retirez-la de la cocotte et ajoutez l'oignon, faites-le revenir quelques minutes. Déglacez en versant la sauce de soja, ajoutez le miel et le cinq-épices. Versez le vin blanc et le vinaigre de cidre, émiettez la tablette de bouillon. Mélangez jusqu'à ce que l'ensemble soit homogène.

3 Disposez la viande dans la cocotte, mélangez, couvrez et laissez mijoter pendant 1 h 10, sur feu très doux, en remuant de temps en temps. Ajoutez les mirabelles, prolongez la cuisson pendant 10 minutes (15 minutes, si vous utilisez un produit surgelé), à découvert pour faire épaissir la sauce.

4 Poivrez, goûtez et rectifiez l'assaisonnement si nécessaire. Parsemez de persil ciselé avant de servir.

CURRY ROUGE DE POULET AU LAIT DE COCO

PRÉPARATION 20 MIN • CUISSON 45 MIN

ingrédients pour 4 à 6 personnes

- **1 tablette de bouillon de volaille**
- **1 c. à c. de Maïzena®**
- **1 gousse d'ail**
- **2 échalotes**
- **10 g de gingembre frais, épluché**
- **1/2 carotte**
- **2 c. à s. d'huile de tournesol**
- **1 poulet jaune des Landes coupé en morceaux**
- **2 c. à c. de pâte de curry rouge (en vente dans les épiceries asiatiques)**
- **30 cl de lait de coco**
- **2 c. à s de nuoc-mâm**
- **2 c. à c. de cassonade**
- **Le jus d'1 citron vert**
- **1/2 bouquet de coriandre**

1 Délayez la tablette de bouillon dans 15 cl d'eau chaude. Délayez la Maïzena® dans 5 cl d'eau froide.

2 Épluchez l'ail et les échalotes, ciselez les échalotes, hachez finement l'ail ainsi que le gingembre.

3 Épluchez la carotte, rincez-la, séchez-la puis détaillez-la en petits cubes.

4 Faites chauffer l'huile dans une cocotte et faites-y dorer les morceaux de poulet. Retirez-les de la cocotte et réservez-les. Remplacez-les par les échalotes, l'ail, le gingembre et les dés de carotte. Faites revenir pendant 2 minutes puis ajoutez la pâte de curry rouge, faites revenir en remuant jusqu'à ce que la pâte ait complètement fondu. Versez alors un peu de lait de coco, remuez et laissez cuire pendant 2 minutes. Procédez ainsi jusqu'à utilisation de la moitié du lait de coco. Ajoutez le nuoc-mâm et la cassonade, mélangez puis incorporez les morceaux de poulet. Versez le lait de coco restant puis le bouillon jusqu'à recouvrir le poulet. Incorporez la Maïzena® délayée.

5 Laissez mijoter sur feu doux pendant 40 minutes jusqu'à ce que le poulet soit cuit.

6 Hors du feu ajoutez le jus de citron vert et parsemez de coriandre ciselée.

POULET BASQUAISE

PRÉPARATION 20 MIN • CUISSON 1 H

ingrédients pour 4 à 6 personnes

- **1 1/2 poivron vert**
- **1 1/2 poivron rouge**
- **600 g de tomates mûres**
- **150 g de jambon de Bayonne**
- **1 gros oignon**
- **2 gousses d'ail**
- **3 c. à s. d'huile d'olive**
- **1 poulet jaune des Landes, coupé en morceaux**
- **12 cl de vin blanc sec**
- **1 bouquet garni**
- **1 pincée de piment d'Espelette**
- **Sel**

1 Rincez, séchez les poivrons et les tomates. Retirez le pédoncule, les cloisons et les graines des poivrons. Détaillez-les en lanières.

2 Coupez les tomates et le jambon en cubes. Épluchez l'oignon et l'ail. Ciselez l'oignon et hachez finement l'ail.

3 Faites chauffer l'huile dans une cocotte et faites-y rissoler les morceaux de poulet jusqu'à ce qu'ils soient dorés. Retirez-les de la cocotte et remplacez-les par l'oignon et l'ail, faites revenir de 4 à 5 minutes puis incorporez les dés de jambon et les poivrons. Mélangez quelques minutes puis ajoutez les morceaux de poulet, les tomates, l'ail, le vin blanc et le bouquet garni, salez.

4 Faites cuire sur feu doux pendant 40 minutes.

5 Parsemez de piment d'Espelette avant de servir.

BLANQUETTE DE VEAU

PRÉPARATION 20 MIN • CUISSON 1 H 30

ingrédients pour 4 personnes

- **1 oignon**
- **3 clous de girofle**
- **2 carottes**
- **1/2 côte de céleri en branches**
- **1 blanc de poireau**
- **1 kg de viande de veau (basses côtes et/ou paleron) coupée en gros cubes**
- **1 branche de thym**
- **1 feuille de laurier**
- **15 cl de vin blanc sec**
- **60 g de beurre**
- **30 g de farine**
- **150 g de champignons de Paris**
- **2 c. à s. de crème fraîche**
- **1 jaune d'œuf**
- **1 c. à s. de jus de citron**
- **20 g de beurre**
- **Sel, poivre**

1 Pelez et piquez l'oignon de clous de girofle. Épluchez les carottes. Lavez le céleri et le blanc de poireau.

2 Placez la viande dans un faitout, couvrez d'eau froide et portez à ébullition. Égouttez la viande puis replacez-la dans le faitout, ajoutez l'oignon, les carottes, le poireau, le céleri ainsi que le thym et le laurier. Versez le vin blanc puis de l'eau froide à hauteur. Salez et poivrez.

3 Portez à ébullition, écumez si nécessaire puis laissez cuire pendant 1 heure à petits frémissements. Filtrez le bouillon de cuisson, réservez-le ainsi que les carottes. Gardez la viande au chaud.

4 Faites fondre 40 g de beurre dans une sauteuse, ajoutez la farine en pluie, faites cuire le mélange pendant 2 minutes sur feu doux tout en mélangeant. Délayez avec 50 cl de bouillon de cuisson filtré puis faites réduire la sauce pendant 15 minutes, sur feu doux, en remuant.

5 Lavez et rincez les champignons de Paris. Coupez-les en quartiers et faites-les suer dans le restant de beurre.

6 Coupez les carottes en gros morceaux.

7 Dans un bol, mélangez la crème fraîche avec le jaune d'œuf et 3 cuillerées à soupe de bouillon chaud. Ajoutez ce mélange petit à petit à la sauce tout en fouettant, en prenant garde de ne pas faire bouillir. Assaisonnez de jus de citron, salez, poivrez. La sauce doit être onctueuse, si elle est trop épaisse, délayez-la avec un peu de bouillon chaud. Incorporez ensuite la viande, les carottes et les champignons. Réchauffez l'ensemble dans la sauce, sur feu doux, pendant quelques minutes.

8 Servez avec du riz, des pommes vapeur ou des pâtes fraîches.

OSSO-BUCO

PRÉPARATION 20 MIN • CUISSON 1 H 50

ingrédients pour 6 personnes

- **1 carotte**
- **1/2 branche de céleri**
- **2 oignons**
- **3 gousses d'ail**
- **2 c. à c. de fond de veau déshydraté**
- **40 g de farine**
- **1,3 kg de rouelles de veau**
- **4 c. à s. d'huile d'olive**
- **2 c. à s. de persil haché + 3 c. à s. pour servir**
- **15 cl de vin blanc sec**
- **1 grosse boîte de tomates pelées**
- **1 bouquet garni**
- **Sel, poivre du moulin**

1 Épluchez la carotte, rincez-la ainsi que la branche de céleri. Détaillez-les en petits cubes. Épluchez et ciselez les oignons. Épluchez et hachez finement l'ail. Délayez le fond de veau dans 15 cl d'eau chaude.

2 Farinez les rouelles de veau, secouez-les pour retirer l'excédent de farine.

3 Faites chauffer l'huile dans une cocotte et faites-y dorer les rouelles de tous côtés.

4 Retirez la viande de la cocotte, remplacez-la par les légumes, les oignons, l'ail et le persil. Faites suer le tout pendant quelques minutes puis ajoutez la viande. Versez le vin blanc et le fond de veau, ajoutez le contenu de la boîte de tomates et le bouquet garni. Salez et poivrez puis laissez mijoter à couvert pendant 1 h 30.

5 20 minutes avant la fin de la cuisson, retirez le couvercle pour faire épaissir la sauce.

6 Goûtez et rectifiez l'assaisonnement si nécessaire puis parsemez de persil ciselé.

POITRINE DE VEAU CONFITE

PRÉPARATION 10 MIN • CUISSON 5 H

ingrédients pour 6 personnes

- **4 échalotes**
- **1 tablette de bouillon de volaille**
- **2 c. à s. d'huile d'olive**
- **1 poitrine de veau**
- **2 branches de thym**
- **2 branches de romarin**
- **2 feuilles de laurier**
- **15 cl de vin blanc sec**
- **Sel, poivre du moulin**

1 Préchauffez le four à 100 °C (th. 3-4).

2 Épluchez et émincez les échalotes.

3 Délayez le cube de bouillon dans 10 cl d'eau chaude.

4 Faites chauffer l'huile dans une cocotte allant au four et faites-y dorer la poitrine sur toutes les faces. Retirez la viande et remplacez-la par les échalotes. Faites-les revenir jusqu'à ce qu'elles deviennent translucides. Éteignez le feu, ajoutez les branches de thym et de romarin ainsi que les feuilles de laurier.

5 Versez le vin blanc et le bouillon puis enfournez pour 5 heures.

6 Vérifiez en cours de cuisson qu'il reste toujours un peu de liquide dans la cocotte, ajoutez-en si nécessaire.

QUASI DE VEAU ROULÉ À LA ROMAINE

PRÉPARATION 25 MIN • CUISSON 1 H

ingrédients pour 4 personnes

- **20 feuilles de sauge**
- **200 g de champignons de Paris**
- **1 grosse boîte de tomates pelées**
- **1 quasi de veau de 800 g préparé (pour farcir)**
- **4 tranches de jambon cru**
- **2 c. à s. d'huile d'olive**
- **10 cl de vin blanc**
- **1 branche de thym**
- **1 branche de laurier**
- **Sel, poivre du moulin**

1 Hachez grossièrement les feuilles de sauge. Nettoyez, séchez puis détaillez les champignons en lamelles. Égouttez les tomates et coupez-les en 4.

2 Étalez le quasi de veau sur une planche. Disposez sur toute la surface les tranches de jambon et les feuilles de sauge hachées, salez et poivrez. Roulez le quasi sur lui-même en serrant bien puis ficelez-le.

3 Faites-le dorer dans une cocotte avec 1 c. à s. d'huile d'olive puis retirez-le de la cocotte. Ajoutez l'huile d'olive restante et faites suer les champignons, incorporez les tomates, le vin blanc, le thym et le laurier. Salez et poivrez.

4 Disposez le quasi roulé dans la sauce et laissez mijoter à couvert et sur feu très doux pendant 40 minutes, en remuant la sauce de temps en temps.

5 Retirez le quasi de la cocotte, réservez-le au chaud, augmentez le feu et faites réduire la sauce jusqu'à ce qu'elle devienne onctueuse.

TAJINE DE VEAU AUX OLIVES

PRÉPARATION 15 MIN • CUISSON 1 H 15

ingrédients pour 6 personnes

- **1 tablette de bouillon de volaille**
- **2 oignons moyens**
- **2 gousses d'ail**
- **3 c. à s. d'huile d'olive**
- **1,2 kg de viande de veau (épaule + paleron) découpée en gros cubes**
- **1 dosette de safran**
- **1/2 c. à c. de cannelle**
- **1 c. à c. de graines de cumin**
- **1 c. à s. de coriandre hachée**
- **4 petits citrons confits**
- **200 g de petites olives violettes dénoyautées**
- **Sel, poivre du moulin**

1 Délayez la tablette de bouillon dans 20 cl d'eau chaude.

2 Épluchez et ciselez les oignons. Épluchez et hachez l'ail.

3 Faites chauffer une cocotte ou un plat à tajine, versez 2 c. à s. d'huile d'olive, faites-y rissoler la viande pendant environ 10 minutes.

4 Retirez la viande, ajoutez le restant d'huile et faites revenir pendant quelques minutes, les oignons, l'ail haché, le safran, la cannelle, le cumin et la coriandre. Remettez la viande dans la cocotte, versez le bouillon et poivrez. Portez doucement à ébullition et laissez mijoter pendant 45 minutes, en mélangeant de temps en temps.

5 Coupez les citrons confits en 2, ajoutez-les ainsi que les olives au contenu de la cocotte et laissez mijoter 15 minutes supplémentaires, à découvert, pour faire réduire la sauce.

6 Goûtez et rectifiez l'assaisonnement si nécessaire, servez chaud.

TENDRONS DE VEAU AUX CAROTTES

PRÉPARATION 15 MIN • CUISSON 1 H

ingrédients pour 4 personnes

- **1/2 cube de bouillon de volaille**
- **3 oignons**
- **800 g de carottes**
- **2 c. à s. d'huile d'olive**
- **20 g de farine**
- **1 kg de tendrons de veau coupés en gros morceaux**
- **1 branche de thym**
- **1 feuille de laurier**
- **10 cl de vin blanc**
- **1/2 bouquet de persil plat**
- **Sel, poivre du moulin**

1 Délayez la tablette de bouillon dans 15 cl d'eau chaude.

2 Pelez les oignons, coupez-les en 4. Épluchez, rincez et séchez les carottes, coupez-les en rondelles de 0,5 cm.

3 Faites chauffer l'huile dans une cocotte.

4 Farinez les morceaux de veau, secouez-les pour retirer l'excédent puis faites-les dorer dans l'huile. Ajoutez les oignons, les rondelles de carotte, le thym et le laurier. Versez le vin blanc puis le bouillon, refermez la cocotte et laissez mijoter doucement pendant 50 minutes en mélangeant de temps en temps.

5 Effeuillez puis hachez le persil.

6 Salez si nécessaire et poivrez, hors du feu, parsemez de persil haché et servez chaud.

VEAU MARENGO

PRÉPARATION 25 MIN • CUISSON 1 H 30

ingrédients pour 6 personnes

- **2 oignons**
- **2 gousses d'ail**
- **1/2 carotte**
- **1 grosse boîte de tomates pelées**
- **1 tablette de bouillon de volaille**
- **1 c. à s. d'huile neutre**
- **60 g de beurre**
- **1 kg d'épaule de veau coupée en cubes**
- **15 g de farine**
- **20 cl de vin blanc sec**
- **1 branche de thym**
- **1 branche de laurier**
- **200 g de champignons de Paris**
- **2 bottes d'oignons nouveaux**
- **Le jus d'1/2 citron**
- **1 c. à s. de persil ciselé**
- **Sel, poivre du moulin**

1 Épluchez les oignons et l'ail puis hachez-les finement.

2 Épluchez, rincez puis séchez la carotte, coupez-la en tout petits dés. Égouttez les tomates au-dessus d'un récipient pour récupérer le jus, concassez-les.

3 Délayez la tablette de bouillon dans 30 cl d'eau chaude.

4 Faites chauffer l'huile avec 30 g de beurre dans une cocotte puis faites-y dorer la viande de tous côtés, ajoutez les oignons, l'ail haché et les dés de carotte, mélangez puis saupoudrez de farine. Laissez cuire tout en mélangeant doucement pendant 2 minutes. Versez le vin blanc, ajoutez les tomates et leurs jus, le thym et le laurier, poivrez puis versez le bouillon de volaille de façon à ce que la viande soit recouverte. Refermez la cocotte et laissez cuire pendant 1 heure à petits frémissements, en mélangeant de temps en temps.

5 Retirez le bout terreux des champignons, lavez-les et séchez-les puis détaillez-les en lamelles. Coupez les tiges des oignons nouveaux à 1 cm du bulbe, retirez le foin et la première peau, coupez-les en 2 ou en 4 selon leur taille.

6 Faites revenir les oignons puis les champignons à la poêle dans le beurre restant. Ajoutez-les au contenu de la cocotte et laissez mijoter pendant 30 minutes supplémentaires.

7 Hors du feu, versez le jus de citron, mélangez, goûtez et rectifiez l'assaisonnement si nécessaire.

8 Parsemez de persil ciselé au moment de servir.

Rôti

CARRÉ D'AGNEAU EN CROÛTE D'AIL

PRÉPARATION 40 MIN • REPOS 20 MIN • CUISSON ENVIRON 50 MIN

ingrédients pour 4 personnes

- **5 gousses d'ail**
- **30 g de pignons de pin**
- **100 g de chapelure**
- **1 c. à c. de romarin haché**
- **1 c. à c. de thym déshydraté**
- **1 c. à c. d'origan déshydraté**
- **5 feuilles de sauge hachées**
- **100 g de beurre à température ambiante**
- **2 carrés d'agneau de 320 g chacun**
- **2 c. à s. d'huile**
- **Sel, poivre du moulin**

Pour les légumes rôtis au four

- **8 carottes nouvelles**
- **8 gousses d'ail en chemise**
- **8 petites pommes de terre**
- **3 c. à s. de beurre fondu**
- **1 petite branche de romarin**
- **2 branches de thym frais**
- **2 feuilles de laurier**
- **1 bonne pincée de fleur de sel**
- **Poivre**

1 Préparez les légumes rôtis au four. Préchauffez le four à 180 °C (th. 6).

2 Lavez et séchez les légumes. Coupez les carottes en 2 dans la longueur. Disposez les légumes sur une plaque ou un plat, arrosez de beurre fondu, salez à la fleur de sel, poivrez. Ajoutez le romarin, le thym et le laurier. Faites rôtir au four de 35 à 40 minutes, en les arrosant régulièrement de jus de cuisson.

3 Épluchez et hachez finement les gousses d'ail. Concassez les pignons assez finement en les passant au mixeur. Mélangez la chapelure et les herbes, salez et poivrez. Incorporez le beurre coupé en dés, l'ail et les pignons. Mélangez l'ensemble à la main jusqu'à ce que le tout soit bien homogène. Formez une boule et réservez la pâte obtenue pendant 20 minutes au réfrigérateur.

4 Faites rapidement dorer les carrés dans un peu d'huile puis laissez-les tiédir.

5 Séparez la pâte en 2 et étalez-la entre 2 feuilles de papier cuisson en deux abaisses d'environ 0,5 cm.

6 Préchauffez le four à 210 °C (th. 7).

7 Disposez la couenne d'un des carrés sur la pâte et faites-la adhérer en pressant avec les doigts, retirez les morceaux qui dépassent avec un couteau. Répétez l'opération pour l'autre carré.

8 Enfournez pour 8 minutes au milieu du four puis 2 minutes en position haute. Sortez les carrés lorsque la croûte commence à dorer et servez avec les légumes rôtis au four.

GIGOT EN CROÛTE

PRÉPARATION 15 MIN • CUISSON 40 MIN • REPOS 20 MIN

ingrédients pour 6 personnes

- **3 c. à s. d'huile d'olive**
- **1 gigot d'agneau désossé d'1,6 kg**
- **2 œufs**
- **2 rouleaux de pâte feuilletée**
- **Sel, poivre du moulin**

1 Préchauffez le four à 240 °C. (th. 8).

2 Huilez bien le gigot sur toutes les faces en le massant pour bien faire pénétrer l'huile, salez et poivrez. Enfournez-le pour 15 minutes. Sortez-le du four, baissez la température à 180 °C (th. 6), laissez-le refroidir pendant 20 minutes (jusqu'à ce que le gigot soit vraiment tiède).

3 Battez les œufs en omelette.

4 Enroulez le gigot dans les 2 abaisses de pâte feuilletée, passez un peu d'œuf sur les bords à l'aide d'un pinceau puis pincez-les pour les souder.

5 Dorez à l'œuf la surface de la pâte, puis dessinez des stries avec la pointe d'un couteau. Enfournez pour 25 minutes.

6 Servez bien chaud.

POITRINE D'AGNEAU COMME UN MÉCHOUI

PRÉPARATION 25 MIN • CUISSON 50 MIN • REPOS 3 H

ingrédients pour 4 personnes

- **1 c. à s. de graines de coriandre**
- **3 gousses d'ail**
- **1 c. à c. rase de harissa**
- **Le jus d'1/2 citron**
- **2 c. à s. de feuilles de coriandre hachée**
- **3 branches de thym effeuillées**
- **1 c. à c. d'origan**
- **1 petite branche de romarin effeuillée**
- **2 feuilles de laurier émiettées**
- **1 c. à c. de cumin en poudre**
- **1 c. à c. de ras el-hanout**
- **12 cl d'huile d'olive**
- **1 c. à c. rase de sel**
- **1,3 kg de poitrine d'agneau**

1 Écrasez les graines de coriandre avec un mortier. Épluchez et hachez finement les gousses d'ail.

2 Délayez la harissa dans le jus de citron, ajoutez l'ail haché, les herbes et les épices puis l'huile d'olive et le sel.

3 Disposez la viande dans un récipient, badigeonnez-la de marinade. Couvrez le récipient hermétiquement avec du film alimentaire et réservez au frais pendant 3 heures.

4 Préchauffez le four à 180 °C (th. 6). Enfournez pendant 15 minutes puis baissez la température à 150 °C (th. 5) et prolongez la cuisson pendant 35 minutes.

5 Découpez la poitrine et servez avec de la semoule de blé.

CÔTE DE BŒUF AU FOUR, BEURRE MAÎTRE D'HÔTEL

PRÉPARATION 5 MIN • REPOS 30 MIN • CUISSON 20 MIN

ingrédients pour 3 personnes

- **100 g de beurre à température**
- **1 c. à s. de persil**
- **3 c. à c. de jus de citron**
- **1 c. à s. d'huile neutre**
- **1 côte de bœuf d'1,4 kg**
- **Sel, poivre du moulin**

1 Préparez le beurre maître d'hôtel. Écrasez le beurre à l'aide d'une fourchette jusqu'à ce qu'il prenne la consistance d'une crème. Effeuillez le persil, hachez-le finement. Mélangez le beurre, le persil haché, le jus de citron, du sel et du poivre jusqu'à ce que le tout soit homogène.

2 Découpez un morceau de film étirable et roulez le beurre à l'intérieur en formant un boudin d'environ 3 cm de large. Réservez au congélateur pendant 20 minutes (ou au réfrigérateur pendant 1 heure).

3 Préchauffez le four à 240 °C (th. 8).

4 Faites chauffer une poêle, lorsqu'elle est bien chaude, ajoutez l'huile et saisissez la viande de tous côtés jusqu'à ce qu'une belle croûte dorée se forme, saisissez également la tranche opposée à l'os.

5 Transvasez la côte de bœuf dans un plat allant au four et enfournez pour 20 minutes. À la sortie du four, emballez-la dans du papier d'aluminium et laissez reposer 10 minutes.

6 Découpez la côte de bœuf en tranches puis disposez au-dessus le beurre maître d'hôtel coupé en rondelles.

FILET DE BŒUF, SAUCE AU POIVRE DE MADAGASCAR

PRÉPARATION 5 MIN • CUISSON 30 MIN • REPOS 10 MIN

ingrédients pour 5 personnes

- **1 1/2 c. à s. rase de poivre de Madagascar**
- **800 g de filet de bœuf**
- **2 c. à s. d'huile neutre**
- **7 cl de cognac**
- **20 cl de crème fraîche**
- **Sel**

1 Préchauffez le four à 240 °C (th. 8) pendant 15 minutes.

2 Concassez finement les grains de poivre.

3 Faites colorer les côtés du filet dans une poêle chaude avec l'huile de 2 à 3 minutes puis transvasez-le dans un plat et enfournez de 18 à 25 minutes, selon le diamètre du filet. Lorsqu'il est cuit, emballez-le dans du papier d'aluminium et laissez-le reposer pendant 10 minutes.

4 Pendant ce temps, disposez le plat de cuisson sur le feu et déglacez le fond avec le cognac, ajoutez la crème et faites réduire quelques minutes. Incorporez le poivre concassé, salez.

5 Servez le filet de bœuf avec la sauce au poivre.

OS À MOELLE AU FOUR ET QUINOA CROUSTILLANT

PRÉPARATION 10 MIN • CUISSON 30 MIN

ingrédients pour 2 personnes

- **4 os à moelle**
- **4 c. à c. de yuzukoshō (condiment japonais à base de piment et de sel)**
- **4 c. à s. de graines de quinoa**
- **2 c. à s. d'huile de tournesol**
- **1 pincée de fleur de sel**
- **1 pincée de poivre**

1 Préchauffez le four à 230 °C (th. 7-8).

2 Déposez les os dans un plat allant au four après avoir saupoudré chaque section de fleur de sel et de poivre.

3 Enfournez et laissez cuire les os environ 30 minutes, jusqu'à ce que la pointe d'un couteau pénètre sans résistance dans la moelle. S'il y a trop de projections pendant la cuisson, couvrez d'une feuille de papier d'aluminium.

4 Sortez le plat du four, laissez-le refroidir très légèrement puis tartinez chaque os de yuzukoshō.

5 Pendant que les os cuisent, faites chauffer de l'eau dans une casserole. À ébullition, versez les graines de quinoa en pluie et remuez. Laissez cuire sur feu doux pendant 20 minutes puis égouttez soigneusement. Laissez refroidir pendant 5 minutes. Faites chauffer l'huile dans une poêle et faites frire les graines de quinoa pendant 2 minutes environ jusqu'à ce qu'elles deviennent croustillantes. Égouttez-les dans une assiette recouverte de papier absorbant puis répartissez-les sur les os à moelle.

6 Poivrez avant de servir bien chaud.

RÔTI DE BŒUF DU DIMANCHE

PRÉPARATION 20 MIN • CUISSON 40 MIN • REPOS 10 MIN

ingrédients pour 4 personnes

- **650 g de haricots verts extra-fins**
- **1 rôti cœur de rumstek d'1 kg**
- **1 c. à s. d'huile neutre**
- **40 g de beurre**
- **1 c. à s. de moutarde**
- **20 cl de crème fraîche**
- **Sel, poivre du moulin**

1 Équeutez les haricots verts, coupez-les en 2 s'ils sont trop longs. Rincez-les et égouttez-les.

2 Préchauffez le four à 240 °C (th. 8) pendant 15 minutes.

3 Faites colorer les côtés du rôti dans une poêle chaude avec un peu d'huile de 2 à 3 minutes, puis transvasez-le dans un plat et enfournez-le pour 22 minutes.

4 Pendant ce temps, faites bouillir un grand volume d'eau. À ébullition, salez, puis ajoutez les haricots verts, poignée par poignée, en couvrant la casserole et en attendant la reprise de l'ébullition pour ajouter la poignée suivante. Laissez cuire de 8 à 12 minutes à découvert, selon que vous les aimez al dente ou bien cuits. Égouttez-les puis passez-les sous l'eau froide.

5 Faites-les réchauffer dans une poêle avec le beurre coupé en parcelles. Salez et poivrez.

6 Sortez le rôti du four lorsqu'il est cuit. Emballez-le dans du papier d'aluminium et laissez-le reposer pendant 10 minutes.

7 Posez le plat de cuisson sur le feu, déglacez le fond avec 5 cl d'eau en raclant bien pour décoller les sucs de cuisson, délayez la moutarde puis ajoutez la crème fraîche, laissez réduire quelques minutes, salez et poivrez.

8 Retirez la barde et la ficelle du rôti puis découpez-le en tranches, servez-le avec la sauce moutarde et les haricots verts.

RÔTI DE BŒUF EN CROÛTE DE POIVRE

PRÉPARATION 15 MIN • CUISSON 25 MIN • REPOS 10 MIN

ingrédients pour 5 personnes

- **2 c. à c. de poivre noir**
- **2 c. à c. de poivre blanc**
- **1 c. à c. de poivre du Sichuan**
- **1 c. à s. d'huile**
- **1 rôti de bœuf en une seule pièce sans la barde**
- **20 cl de crème fraîche**
- **1 c. à s. de moutarde**
- **Sel fin**

1 Préchauffez le four à 210 °C (th. 7).

2 Concassez finement le poivre noir et le poivre blanc avec un mortier ou un petit mixeur. Transvasez dans un bol, ajoutez le poivre du Sichuan et mélangez.

3 Enduisez d'huile la surface du rôti, poudrez-le d'1 bonne pincée de sel fin. Étalez ensuite le mélange de poivres sur toute la surface de la viande, en appuyant pour le faire adhérer. Enfournez pendant 20 minutes.

4 Retirez le rôti du plat et emballez-le dans du papier d'aluminium. Laissez-le reposer pendant 10 minutes.

5 Pendant ce temps, déglacez le fond du plat : posez-le sur le feu et versez 5 cl d'eau. Grattez le fond du plat à l'aide d'une spatule pour décoller les sucs de cuisson. Laissez réduire sur feu vif pendant 2 minutes environ puis baissez le feu et incorporez la crème fraîche et la moutarde.

6 Servez le rôti bien chaud accompagné de sa sauce.

CARRÉ DE PORC RÔTI AU MIEL

PRÉPARATION 10 MIN • CUISSON 1 H 30

ingrédients pour 4 à 5 personnes

- **1 carré de porc de 1,5 kg**
- **1 gousse d'ail**
- **4 c. à s. de miel liquide**
- **2 c. à s. de jus de citron**
- **3 c. à s. de sauce de soja**
- **1 c. à c. d'épices cinq-parfums**

1 Entaillez la couenne du carré de porc à l'aide d'un couteau. Disposez-le dans un plat allant au four et enfournez-le dans un four froid. Allumez le four à 180 °C (th. 6) et faites cuire.

2 Préparez la marinade. Épluchez et pressez la gousse d'ail. Délayez le miel avec le jus de citron. Ajoutez la sauce de soja, l'ail et la poudre d'épices cinq-parfums, mélangez bien.

3 Au bout de 40 minutes de cuisson, laquez la surface du carré et la couenne avec la moitié de la marinade en vous aidant du dos d'une cuillère à soupe. Laissez cuire à nouveau pendant 25 minutes en arrosant le carré à mi-cuisson avec le jus du fond du plat.

4 Retournez le carré et laquez l'autre face et la couenne avec le restant de marinade. Prolongez la cuisson pendant 25 minutes. Arrosez-le également à mi-cuisson avec le jus résiduel.

5 Servez le carré laqué au miel, bien chaud.

RÔTI DE PORC BOULANGÈRE

PRÉPARATION 20 MIN • CUISSON 1 H 30

ingrédients pour 4 à 6 personnes

- **800 g de pommes de terre**
- **1 oignon**
- **1/2 cube de bouillon de volaille**
- **4 gousses d'ail en chemise**
- **1 bonne pincée de thym frais ou déshydraté selon la saison**
- **2 feuilles de laurier**
- **2 c. à s. d'huile d'olive**
- **1 rôti de porc d'1 kg**
- **Sel, poivre du moulin**

1 Préchauffez le four à 180 °C (th. 6).

2 Épluchez, rincez et séchez les pommes de terre, coupez-les en fines rondelles. Épluchez et ciselez l'oignon. Délayez la tablette de bouillon de volaille dans 40 cl d'eau chaude.

3 Mélangez les pommes de terre avec l'oignon et les gousses d'ail, le thym et le laurier, salez légèrement, poivrez. Étalez le mélange dans un plat allant au four puis versez le bouillon de volaille jusqu'à ce qu'il recouvre les légumes.

4 Enfournez pour 30 minutes en remuant de temps en temps.

5 Faites chauffer l'huile dans une cocotte ou une poêle et faites-y dorer le rôti de tous côtés. Salez et poivrez.

6 Disposez-le dans le plat au-dessus des légumes, poursuivez la cuisson pendant 1 heure.

SAUCISSES AU FOUR, CHOU BRAISÉ

PRÉPARATION 20 MIN • CUISSON 4 H 35

ingrédients pour 4 personnes

- **800 g de saucisses au couteau**

Pour le chou braisé
- **1 chou vert frisé**
- **1 grosse boîte de tomates pelées ou 4 tomates fraîches**
- **1 tablette de bouillon de légumes bio**
- **1 1/2 c. à c. de graines de carvi**
- **Sel, poivre**

1 Effeuillez le chou puis faites blanchir les feuilles en les plongeant pendant 10 minutes dans un grand volume d'eau bouillante. Égouttez les feuilles dans une passoire, passez-les sous l'eau froide et égouttez-les à nouveau.

2 Coupez les feuilles en gros morceaux.

3 Égouttez les tomates pelées ou détaillez les tomates fraîches en quartiers. Délayez la tablette de bouillon dans 1 litre d'eau chaude.

4 Disposez les feuilles de chou dans une cocotte avec les tomates et le carvi, salez et poivrez puis mouillez à hauteur avec le bouillon. Couvrez la cocotte et faites cuire l'ensemble à petits frémissements de 3 à 4 heures.

5 Préchauffez le four à 235 °C (th. 7-8).

6 Disposez les saucisses en rosace dans un plat allant au four. Enfournez pendant 35 minutes en retournant à mi-cuisson.

7 Servez les saucisses au four avec le chou braisé.

POULET RÔTI DE VALÉRIE

PRÉPARATION 10 MIN • CUISSON 4 H

ingrédients pour 4 à 6 personnes

- **1 poulet vidé**
- **1 poignée de gros sel de l'île de Ré**
- **2 c. à s. de curcuma**
- **4 gousses d'ail en chemise**
- **1 petite branche de romarin fraîche ou séchée suivant la saison**
- **4 c. à s. d'huile d'olive**

1 Préchauffez le four à 130 °C (th. 4-5).

2 Disposez à l'intérieur du poulet le gros sel, le curcuma, les gousses d'ail en chemise et la branche de romarin.

3 Placez-le dans un plat à four, en terre de préférence, arrosez-le d'huile d'olive puis versez dessus un verre d'eau.

4 Enfournez pour 4 heures en surveillant de temps en temps, arrosez si nécessaire.

5 Passez ensuite le four en position gril, réglez-le sur la puissance maximale. Disposez le plat sous le gril et faites griller la peau pendant 7 minutes, tout en surveillant.

6 Vous pouvez ajouter dans le plat d'autres gousses d'ail en chemise ainsi que des oignons entiers.

À savoir Cette cuisson longue et en deux temps permet d'obtenir une chair très fondante et une peau bien grillée.

POULET RÔTI FARCI

PRÉPARATION 20 MIN • CUISSON 1 H • REPOS 15 MIN

ingrédients pour 4 personnes

- **100 g de pain rassis, de préférence écroûté**
- **15 cl de lait**
- **2 gousses d'ail**
- **2 échalotes**
- **80 g de jambon cru**
- **1 poulet d'1,5 kg avec son foie**
- **80 g de chair à saucisse**
- **1 c. à s. de persil haché**
- **1 c. à s. de ciboulette ciselée**
- **1 œuf**
- **2 c. à s. d'huile neutre**
- **Sel, poivre du moulin**

1 Coupez le pain en morceaux et placez-les dans un récipient creux. Versez le lait à hauteur, laissez reposer pendant 15 minutes jusqu'à ce que le pain soit complètement ramolli.

2 Épluchez et hachez finement les gousses d'ail et les échalotes. Hachez le jambon. Coupez le foie en petits morceaux.

3 Préchauffez le four à 220 °C (th. 7-8).

4 Égouttez le pain dans une passoire à grille fine en appuyant bien pour extraire le liquide. Mélangez-le avec l'ail et les échalotes hachés, la chair à saucisse émiettée, le jambon cru, le foie et les herbes, ajoutez l'œuf préalablement battu. Salez et poivrez puis malaxez l'ensemble jusqu'à ce que la farce soit homogène.

5 Farcissez le poulet de ce mélange, disposez-le dans un plat puis arrosez-le d'huile. Salez légèrement. Enfournez pour 1 heure. Retournez le poulet à mi-cuisson, arrosez-le toutes les 15 minutes.

6 Découpez le poulet et servez-le avec la farce.

RÔTI DE VEAU MARINÉ AU LAIT ET À LA SAUGE

PRÉPARATION 15 MIN • REPOS 2 H • CUISSON 1 H 05

ingrédients pour 4 personnes

- **2 branches de sauge**
- **1 l de lait**
- **1 rôti de veau d'1 kg**
- **1/2 oignon rouge**
- **8 gousses d'ail**
- **15 g de beurre**
- **2 c. à s. d'huile neutre**
- **Sel, poivre du moulin**

1 Effeuillez les branches de sauge, mélangez-les au lait, salez et poivrez.

2 Disposez le rôti dans un plat creux, adapté à sa taille, versez la marinade. Couvrez hermétiquement de film alimentaire, réservez au réfrigérateur pendant 2 heures, en retournant le rôti de temps en temps.

3 Préchauffez le four à 180 °C (th. 6).

4 Épluchez et ciselez l'oignon rouge. Épluchez les gousses d'ail. Égouttez le rôti en conservant la moitié de la marinade (50 cl) et les feuilles de sauge.

5 Faites chauffer le beurre et l'huile dans une cocotte allant au four et faites-y colorer le rôti sur toutes les faces. Retirez le rôti et remplacez-le par les oignons et les gousses d'ail.

6 Faites revenir pendant environ 5 minutes puis replacez le rôti dans la cocotte, ajoutez le lait et les feuilles de sauge réservés. Salez et poivrez légèrement.

7 Enfournez sans le couvercle pendant 1 heure, en arrosant régulièrement.

RÔTI DE VEAU ORLOFF

PRÉPARATION 25 MIN • CUISSON 55 MIN • REPOS 10 MIN

ingrédients pour 4 personnes

- **1 bonne pincée de fleur de sel**
- **1 rôti de veau d'1 kg en 1 seule pièce**
- **20 g de beurre**
- **1 c. à s. d'huile neutre**
- **2 branches de thym**
- **2 branches de laurier**
- **6 tranches de bacon**
- **6 tranches d'emmental**
- **Poivre du moulin**

1 Préchauffez le four à 180 °C (th. 6).

2 Étalez la fleur de sel dans le plat de cuisson du rôti puis roulez-le dans le sel. Parsemez-le de noisettes de beurre, arrosez-le d'huile, disposez au-dessus le thym et le laurier.

3 Enfournez pour 20 minutes.

4 Sortez le rôti du four et laissez-le tiédir.

5 Retirez la barde et la ficelle et réalisez 6 entailles profondes jusqu'à 1 cm de la base du rôti.

6 Pliez en 2 les tranches de bacon et d'emmental et insérez-les dans chaque entaille. Ficelez le rôti puis replacez-le dans le plat avec le jus de cuisson, les branches de thym et de laurier.

7 Enfournez pour 35 minutes supplémentaires en arrosant régulièrement.

8 Au bout de 20 minutes, couvrez le rôti d'une feuille de papier d'aluminium.

9 Sortez le rôti du four, poivrez et servez chaud.

Grillé /
Poêlé

BROCHETTES D'AGNEAU À LA CHERMOULA

PRÉPARATION 25 MIN • REPOS 3 H • CUISSON 4 MIN

ingrédients pour 4 personnes ou 8 brochettes

- **24 champignons de Paris**
- **900 g de gigot d'agneau épluché et coupé en 24 cubes**
- **2 poivrons jaunes**

Pour la marinade

- **1 oignon**
- **4 gousses d'ail**
- **12 branches de persil**
- **1 bouquet de coriandre**
- **1 c. à c. de paprika**
- **1 dosette de safran**
- **1 c. à c. de cumin en poudre**
- **Le jus d'1 citron**
- **12 c. à s. d'huile d'olive**
- **1 pincée de piment de Cayenne**
- **Sel**

1 Préparez la marinade. Épluchez et hachez finement l'oignon et l'ail. Effeuillez puis hachez le persil et la coriandre. Réunissez ces ingrédients dans un récipient creux puis ajoutez les épices, le jus de citron, l'huile d'olive, le piment et le sel. Mélangez bien l'ensemble.

2 Disposez les cubes de viande dans la marinade, mélangez pour qu'ils soient bien enrobés de sauce. Couvrez hermétiquement le récipient de film alimentaire et laissez mariner pendant 3 heures au minimum.

3 Lavez et séchez les champignons, retirez les queues. Lavez les poivrons et ouvrez-les, retirez les pédoncules, les cloisons et les graines puis détaillez-les en 24 morceaux.

4 Égouttez la viande, piquez 3 morceaux sur chaque brochette en alternant avec 3 têtes de champignon et 3 morceaux de poivron.

5 Préparez le barbecue et faites cuire les brochettes de 3 à 4 minutes en les retournant sans cesse.

CÔTELETTES D'AGNEAU, SAUCE À LA FETA

PRÉPARATION 10 MIN • REPOS 2 H • CUISSON 2 MIN

Ingrédients pour 4 personnes

- **12 côtelettes d'agneau**

Pour la marinade
- **1 c. à s. de jus de citron**
- **4 c. à s. d'huile d'olive**
- **2 c. à c. de thym**
- **2 c. à c. d'origan**
- **Sel, poivre du moulin**

Pour la sauce à la feta
- **1 grosse gousse d'ail**
- **150 g de feta**
- **225 g de yaourt à la grecque**
- **3 c. à s. de jus de citron**
- **5 branches de menthe**
- **Sel et poivre du moulin**

1 Préparez la marinade. Délayez le sel dans le jus de citron puis incorporez l'huile, ajoutez ensuite le thym et l'origan, poivrez. Mélangez et versez dans un plat creux. Disposez les côtelettes dans le plat, retournez-les plusieurs fois pour bien les enduire de marinade. Couvrez hermétiquement de film étirable et laissez reposer au frais pendant 2 heures.

2 Préparez la sauce à la feta. Épluchez et pressez l'ail, émiettez le fromage à l'aide d'une fourchette, incorporez le yaourt à la grecque et le jus de citron. Effeuillez et ciselez la menthe puis ajoutez-la à la sauce, salez, poivrez et mélangez. Réservez au frais.

3 Préparez le barbecue à l'avance pour obtenir une braise mourante. Positionnez la grille proche de la braise et faites griller les côtelettes pendant 1 minute de chaque côté.

4 Servez les côtelettes accompagnées de sauce à la feta.

ÉPIGRAMMES MARINÉS

PRÉPARATION 10 MIN • REPOS 24 H • CUISSON 6 MIN

ingrédients pour 2 personnes

- **1 gousse d'ail**
- **1 petit piment oiseau**
- **3 c. à s. d'huile d'olive**
- **1 brindille de thym frais**
- **1/2 feuille de laurier**
- **1 pincée de paprika**
- **Le jus de 1/2 citron**
- **200 g d'épigrammes d'agneau**
- **Quelques feuilles de coriandre**
- **Sel, poivre du moulin**

1 Hachez menu l'ail. Écrasez le petit piment avec le dos d'une cuillère puis hachez-le.

2 Dans un bol, versez l'huile d'olive et tous les condiments : piment, ail, thym, laurier, paprika, jus de citron, sel et poivre. Mélangez le tout. Ajoutez les épigrammes et malaxez puis placez-les avec la marinade dans un sac de congélation. Réservez au frais pendant 24 heures.

3 Saisissez les épigrammes dans une poêle chaude de 2 à 3 minutes de chaque côté.

4 Hors du feu, parsemez de coriandre fraîche et servez.

ROGNONS D'AGNEAU GRILLÉS AU FOUR

PRÉPARATION 10 MIN • CUISSON 55 MIN

ingrédients pour 4 personnes

- **12 rognons d'agneau, non dégraissés**
- **800 g de navets ou de navets nouveaux selon la saison**
- **1 filet d'huile d'olive**
- **Sel, poivre du moulin**

1 Préchauffez le four à 180 °C (th. 6).

2 Disposez les rognons dans un plat creux allant au four.

3 Enfournez pour 45 minutes, sans les arroser ni les retourner.

4 Passez le four en position gril et prolongez la cuisson pendant environ 10 minutes jusqu'à ce que la surface des rognons soit bien dorée.

5 Pendant ce temps, épluchez, rincez, séchez les navets puis coupez-les en quartiers. Faites-les cuire à l'eau de 20 à 25 minutes, jusqu'à ce qu'ils soient tendres.

6 Sortez les rognons du four, salez, poivrez puis arrosez d'huile d'olive. Servez-les dans le plat avec la sauce de cuisson, accompagnés des navets.

BŒUF STROGANOFF

PRÉPARATION 15 MIN • CUISSON 25 MIN

ingrédients pour 4 personnes

- **2 oignons**
- **450 g de champignons de Paris**
- **45 g de beurre**
- **1 c. à s. bombée de concentré de tomate**
- **250 g de crème fraîche épaisse**
- **1 c. à c. rase de sucre en poudre**
- **10 cl de vin blanc**
- **600 g de filet de bœuf coupé en lanières**
- **1 c. à s de persil ciselé**
- **Sel, poivre du moulin**

1 Épluchez et émincez les oignons, coupez les champignons en lamelles.

2 Faites fondre 20 g de beurre et faites-y revenir les oignons pendant environ 5 minutes, ajoutez les champignons, faites-les suer jusqu'à ce qu'ils aient rendu leur eau. Incorporez le concentré de tomate, la crème fraîche, le sucre et le vin blanc, salez et poivrez. Portez à ébullition puis laissez réduire sur feu moyen pendant 5 minutes.

3 Pendant ce temps, faites dorer rapidement la viande sur feu vif dans 25 g de beurre, salez et poivrez puis incorporez-la à la sauce.

4 Hors du feu, ajoutez le persil ciselé. Servez avec des pâtes fraîches.

BROCHETTES DE BŒUF TEX-MEX

PRÉPARATION 20 MIN • REPOS 4 H • CUISSON 10 MIN

ingrédients pour 4 brochettes

- **600 g de bœuf « à fondue » coupé en 16 cubes**
- **2 oignons**
- **2 petites tomates**
- **1 gros poivron rouge**

Pour la marinade

- **6 c. à s. d'huile d'olive**
- **2 c. à c. de cumin en poudre**
- **1 c. à c. de coriandre en poudre**
- **2 petites gousses d'ail pressées**
- **1 c. à c. de chili en poudre**
- **1/2 c. à s. de paprika**
- **3 c. à s. de jus de citron**
- **1 c. à c. rase de sel**

1 Préparez la marinade en mélangeant tous les ingrédients. Placez-y les cubes de viande, retournez-les plusieurs fois pour qu'ils soient bien enrobés puis filmez hermétiquement le récipient et réservez au frais pendant 4 heures.

2 Épluchez les oignons, lavez les tomates et le poivron. Coupez les tomates et les oignons en quartiers. Taillez le poivron en gros morceaux.

3 Égouttez les cubes de viande. Répartissez-les sur des piques à brochette en les alternant avec les quartiers d'oignon, de tomate et de poivron.

4 Faites cuire les brochettes au barbecue de 8 à 10 minutes en les retournant régulièrement.

ENTRECÔTE MARCHAND DE VIN

PRÉPARATION 15 MIN • CUISSON 20 MIN

ingrédients pour 4 personnes

- **100 g d'échalotes**
- **120 g de beurre + 1 noix**
- **2 c. à s. d'huile**
- **2 belles entrecôtes**
- **25 cl de vin rouge corsé**
- **1 c. à s. de jus de citron**
- **Sel, poivre du moulin**

1 Préchauffez le four à 70 °C. (th. 2-3).

2 Épluchez et ciselez les échalotes. Sortez le beurre du réfrigérateur et coupez-le en dés.

3 Faites chauffer l'huile et la noix de beurre dans une poêle. Lorsqu'elle est bien chaude, saisissez les entrecôtes sur feu très vif, sur chaque face jusqu'à ce qu'une belle croûte se forme. Baissez ensuite le feu et laissez cuire 3 minutes de chaque côté pour une viande saignante.

4 Transvasez les entrecôtes dans un plat allant au four, couvrez d'aluminium et maintenez-les au chaud dans le four éteint.

5 Retirez l'excédent de graisse de la poêle, puis déglacez avec 5 cl d'eau, ajoutez les échalotes ciselées, le vin rouge, salez et poivrez. Faites réduire la sauce de moitié puis ajoutez le jus de citron.

6 Hors du feu, incorporez les noisettes de beurre froid à l'aide d'un fouet.

7 Nappez les entrecôtes de cette sauce et servez chaud.

HAMPE GRILLÉE, SALADE AUX FINES HERBES

PRÉPARATION 20 MIN • CUISSON 3 MIN

ingrédients pour 4 personnes

- **4 morceaux de hampe (150 g chacun)**

Pour la salade d'herbes
- **1/2 bouquet de persil**
- **1/2 bouquet de coriandre**
- **6 branches d'estragon**
- **3 branches de basilic**
- **1/2 bouquet de ciboulette**
- **2 c. à s. d'huile d'olive**
- **1 filet de vinaigre balsamique**
- **150 g de mesclun**
- **Sel, poivre du moulin**

1 Préparez la salade d'herbes. Rincez et essorez les herbes et le mesclun. Effeuillez le persil, la coriandre, l'estragon et le basilic. Hachez grossièrement les feuilles de basilic et d'estragon. Coupez les tiges de ciboulette en 3. Mélangez l'ensemble dans un saladier. Assaisonnez d'huile d'olive, de vinaigre balsamique, salez et poivrez. Goûtez et rectifiez l'assaisonnement si nécessaire.

2 Faites chauffer un gril. Lorsqu'il est bien chaud, saisissez les morceaux de hampe 1 minute 30 de chaque côté.

3 Servez les hampes grillées avec la salade d'herbes.

BROCHETTES DE PORC MASSALA

PRÉPARATION 15 MIN • REPOS 4 H • CUISSON 12 MIN

ingrédients pour 4 brochettes

- **600 g de filet mignon coupé en 12 morceaux**
- **12 tranches fines de poitrine fumée**

Pour la marinade
- **1 c. à c. de poivre noir en grains**
- **6 c. à s. d'huile d'olive**
- **Le jus d'1 citron vert**
- **1 c. à s. de graines de moutarde**
- **2 c. à s. de garam massala**
- **1 c. à c. rase de sel**

1 Préparez la marinade. Concassez les grains de poivre puis mélangez tous les ingrédients de la marinade. Versez-la dans un récipient creux, ajoutez les morceaux de filet mignon, mélangez bien. Filmez le récipient et réservez-le au frais pendant 4 heures.

2 Égouttez la viande puis entourez chaque morceau d'1 tranche de poitrine puis répartissez-les sur les brochettes.

3 Faites cuire au barbecue ou au gril pendant 12 minutes, en les retournant régulièrement.

CÔTES DE PORC, SIROP D'ÉRABLE

PRÉPARATION 15 MIN • REPOS 2 H AU MINIMUM • CUISSON 10 MIN

ingrédients pour 4-5 personnes

- **2 côtes de porc de 500 g chacune**

Pour la marinade
- **2 échalotes**
- **1 gousse d'ail**
- **1 c. à c. de grains de poivre noir légèrement concassés**
- **2 c. à c. de moutarde forte**
- **5 cl d'huile d'olive**
- **2 c. à s. de sirop d'érable**
- **1 c. à c. rase de quatre-épices en poudre**
- **1 pincée de sel**

1 Préparez la marinade. Épluchez et émincez finement les échalotes et les gousses d'ail. Mélangez tous les ingrédients de la marinade dans un plat creux. Badigeonnez-en les côtes de porc à l'aide d'un pinceau de cuisine. Disposez-les dans un plat creux avec le restant de marinade, filmez hermétiquement et laissez reposer 2 heures au minimum au frais.

2 Préparez le barbecue ou faites chauffer un gril. Égouttez les côtes de porc et faites-les griller pendant 10 minutes, en les retournant à mi-cuisson.

LOMO ADOBADO

PRÉPARATION 15 MIN • REPOS 12 H • CUISSON 15 MIN

ingrédients pour 4 personnes

- **3 gousses d'ail**
- **1 1/2 c. à c. d'origan**
- **1 1/2 c. à c. de thym**
- **1 c. à c. de gros sel**
- **2 c. à c. rase de piment d'Espelette**
- **1 c. à s. de paprika**
- **5 cl de vinaigre de xérès**
- **5 cl de vin blanc**
- **10 cl d'huile d'olive**
- **800 g de rôti de porc dans le filet**

1 Épluchez et pressez les gousses d'ail (ou hachez-les finement).

2 Mélangez-les avec les herbes, le gros sel, le piment d'Espelette, le paprika. Incorporez le vinaigre de xérès, le vin blanc et l'huile d'olive.

3 Coupez le filet de porc en tranches de 0,5 cm d'épaisseur. Placez les tranches dans la marinade, retournez-les plusieurs fois pour qu'elles soient bien enduites. Couvrez hermétiquement de film alimentaire. Laissez macérer au frais pendant toute une nuit.

4 Préparez la braise du barbecue.

5 Égouttez les tranches de viande, faites-les griller pendant 15 minutes, en les retournant toutes les 5 minutes.

6 Les tranches de lomo peuvent tout aussi bien être poêlées ou cuites sur le gril.

POITRINE DE PORC GRILLÉE POUR L'APÉRO

PRÉPARATION 30 MIN • REPOS : 20 MIN • CUISSON 15 MIN

ingrédients pour 6 personnes

- **1 kg de poitrine de porc**
- **Sel, poivre du moulin**

Pour la sauce thaïe gingembre et citron vert

- **1 ciboule**
- **2 c. à c. de sucre roux**
- **Le jus de 3 citrons verts + 1 c. à c. de zestes hachés**
- **2 c. à s. de nuoc-mâm**
- **1 c. à c. de gingembre râpé**
- **1/2 gousse d'ail hachée**

Pour la sauce chimichurri

- **1 petit piment rouge frais**
- **2 c. à s. de vinaigre de vin rouge**
- **8 c. à s. d'huile d'olive**
- **4 c. à s. de persil haché**
- **2 c. à s. d'origan déshydraté**
- **4 gousses d'ail pressées**
- **1 petit oignon coupé en petits cubes**
- **Sel**

Pour la vinaigrette à l'orange et au curry

- **1 c. à s. de moutarde**
- **3 c. à s. de vinaigre de cidre**
- **2 c. à c. de curry doux en poudre**
- **Le jus d'1/2 orange**
- **6 c. à s. d'huile d'olive**
- **2 brins de coriandre**
- **Sel**

1 Préparez la braise du barbecue, pendant ce temps préparez les 3 sauces ou celle de votre choix. Faites cuire pendant 15 minutes la poitrine de porc au barbecue ou au gril. Retournez-la à mi-cuisson. Salez et poivrez. Coupez-la en morceaux et servez-la avec les sauces.

2 Préparez la sauce thaïe gingembre et citron vert. Hachez finement le blanc de la ciboule et une partie du vert (environ 3 cm). Délayez le sucre roux dans le jus de citron, incorporez le nuoc-mâm, le gingembre râpé, les zestes de citron, l'ail et la ciboule hachée.

3 Préparez la sauce chimichurri. Ouvrez le piment et retirez les graines, détaillez-le en fines lanières. Délayez 1 pincée de sel dans le vinaigre de vin rouge puis incorporez l'huile et le reste des ingrédients. Goûtez et rectifiez l'assaisonnement si nécessaire. Réservez au frais pendant 20 minutes avant de servir.

4 Préparez la vinaigrette à l'orange et au curry. Délayez le sel et la moutarde dans le vinaigre de cidre, incorporez le curry puis le jus d'orange. Ajoutez l'huile en filet tout en mélangeant. Réservez pendant 20 minutes au frais.

5 Effeuillez et ciselez la coriandre.

6 Parsemez de coriandre au moment de servir

RIBS À L'AMÉRICAINE

PRÉPARATION 10 MIN • REPOS : 12 H • CUISSON 1 H

ingrédients pour 6 personnes

- **6 c. à c. de miel**
- **9 c. à s. de sauce Worcestershire**
- **9 c. à s. de ketchup**
- **6 c. à c. de moutarde**
- **1,25 kg de travers de porc**
- **Sel, poivre du moulin**

1 Préparez la marinade en mélangeant le miel, la sauce Worcestershire, le ketchup et la moutarde, salez et poivrez.

2 Versez la marinade dans un grand plat et déposez-y le travers (coupez les ribs en 2 morceaux, si nécessaire), retournez-le plusieurs fois pour qu'il soit bien enduit. Laissez reposer pendant 12 heures au frais.

3 Le lendemain, préparez le barbecue de façon à obtenir une braise douce. Positionnez la grille en hauteur, les travers doivent cuire lentement et à basse température.

4 Saisissez les travers 10 minutes de chaque côté puis faites-les griller de 35 à 45 minutes. suivant l'épaisseur, en les retournant toutes les 10 minutes. Laquez régulièrement les travers en cours de cuisson avec la marinade.

RIBS À L'ASIATIQUE

PRÉPARATION 20 MIN • REPOS : 12 H • CUISSON 1 H

ingrédients pour 6 personnes

- **1,4 kg de travers de porc coupés en 2 morceaux**
- **6 c. à s. de miel liquide**
- **6 c. à s. de sauce de soja**
- **4 c. à s. de vinaigre de riz**
- **4 c. à s. de vin de Shaoxing (en vente dans les épiceries asiatiques)**
- **4 gousses d'ail**
- **1 c. à s. de poudre de cinq-parfums**
- **4 c. à c. de gingembre frais haché fin**

1 Préparez une marinade en mélangeant tous les ingrédients sauf les travers de porc. Versez-la dans un grand plat creux puis disposez-y les travers en les retournant plusieurs fois pour qu'ils soient bien enduits de sauce. Couvrez hermétiquement d'un film alimentaire puis réservez au réfrigérateur pendant 12 heures.

2 Le lendemain, préparez le barbecue de façon à obtenir une braise douce. Positionner la grille en hauteur, les travers doivent cuire lentement et à basse température.

3 Saisissez les travers 10 minutes de chaque côté puis faites-les griller de 35 à 45 minutes suivant l'épaisseur, en les retournant toutes les 10 minutes. Laquez régulièrement les travers en cours de cuisson avec la marinade.

BROCHETTES DE POULET MARINÉ

PRÉPARATION 20 MIN • REPOS 4 H • CUISSON 10 MIN

ingrédients pour 4 brochettes

- **1 gros citron non traité**
- **1 1/2 c. à s. de thym**
- **8 cl d'huile d'olive**
- **600 g de blancs de poulet coupés en cubes**
- **4 petites tomates**
- **1 poivron rouge**
- **2 oignons**
- **1 c. à c. rase de sel**
- **Poivre du moulin**

1 Râpez la moitié de la peau du citron puis pressez son jus. Délayez le sel dans le jus de citron, ajoutez le thym, les zestes de citron et l'huile, poivrez. Faites mariner les morceaux de poulet pendant 4 heures au frais.

2 Rincez les tomates et le poivron, épluchez les oignons.

3 Coupez les tomates et les oignons en quartiers. Taillez le poivron en morceaux.

4 Répartissez les cubes de poulet sur des brochettes en les alternant avec les morceaux de légumes.

5 Faites-les cuire au barbecue ou au gril de 8 à 10 minutes en les retournant régulièrement.

POULET EN CRAPAUDINE, SAUCE AUX HERBES

PRÉPARATION 15 MIN • REPOS 2 H AU MINIMUM • CUISSON 45 MIN

ingrédients pour 4 personnes

- **1 poulet d'1,6 kg préparé en crapaudine par le boucher**

Pour la marinade
- **1/2 bouquet de coriandre ciselée**
- **3 gousses d'ail hachées**
- **2 c. à c. de graines de coriandre**
- **1 pincée de piment de Cayenne**
- **8 c. à s d'huile d'olive**
- **Sel**

Pour la sauce aux herbes
- **Le jus d'1 citron**
- **2 yaourts à la grecque**
- **2 c. à s. d'huile d'olive**
- **6 branches de persil effeuillées et hachées**
- **6 branches de coriandre effeuillées et hachées**
- **3 branches de menthe effeuillées et hachées**
- **Sel, poivre du moulin**

1 Préparez la marinade en mélangeant tous les ingrédients. Faites mariner le poulet pendant au moins 2 heures au frais, dans un plat couvert hermétiquement de film alimentaire. Retournez-le de temps en temps.

2 Faites cuire au barbecue ou au gril pendant 45 minutes en le retournant à mi-cuisson. Si vous optez pour une cuisson au four, faites-le cuire dans un four préchauffé à 180 °C (th. 6), pendant 50 minutes, terminez la cuisson en le passant quelques minutes sous le gril.

3 Pendant la cuisson du poulet, préparez la sauce aux herbes. Fouettez le jus de citron avec 1 bonne pincée de sel, incorporez les yaourts et l'huile d'olive puis les herbes hachées, poivrez. Goûtez et rectifiez l'assaisonnement si nécessaire. Réservez au frais jusqu'au moment de servir.

4 Lorsque le poulet est cuit, découpez-le et servez avec la sauce aux herbes.

ESCALOPES DE VEAU VIENNOISES

PRÉPARATION 15 MIN • CUISSON 6 MIN

ingrédients pour 4 personnes

- **3 œufs**
- **150 g de farine**
- **150 g de chapelure**
- **4 belles escalopes de veau**
- **80 g de beurre**
- **2 c. à s. d'huile neutre**
- **1 citron**
- **Sel, poivre du moulin**

1 Cassez et battez les œufs dans un saladier.

2 Versez la farine et la chapelure dans 2 assiettes plates assez larges.

3 Salez et poivrez les escalopes sur les 2 faces. Déposez-les dans la farine puis secouez-les pour retirer l'excédent. Passez-les ensuite dans l'œuf battu puis dans la chapelure, appuyez avec le dos d'une cuillère pour bien faire adhérer la chapelure.

4 Faites chauffer une poêle avec le beurre et l'huile puis faites-y dorer les escalopes environ de 2 à 3 minutes de chaque côté. Égouttez-les sur du papier absorbant.

5 Servez avec des rondelles ou des quartiers de citron.

FARÇOUS DE VEAU

PRÉPARATION 15 MIN • CUISSON 7 MIN

ingrédients pour 2 personnes

Pour la sauce
- **1 boîte de piquillos de bonne qualité**
- **Huile d'olive**
- **Poivre**

Pour les farçous
- **150 g de veau haché**
- **50 g de gras de veau**
- **1/2 gousse d'ail hachée finement**
- **100 g d'épinards cuits et hachés menus**
- **25 g d'herbes fraîches type estragon, basilic, ciboulette...**
- **35 g d'échalotes hachées menues**
- **1 c. à s. de farine**
- **25 g d'huile d'olive de bonne qualité**
- **Sel, poivre du moulin**

1 Préparez la sauce. Rincez les piquillos et séchez-les. Saisissez-les dans une poêle chaude pendant environ 3 minutes. Mixez-les avec le poivre et l'huile d'olive.

2 Mélangez tous les ingrédients des farçous dans un saladier. Formez de petites boulettes et aplatissez-les. Saisissez-les dans une poêle chaude avec un peu d'huile, environ 2 minutes de chaque côté.

3 Servez avec la sauce aux piquillos.

GRENADINS DE VEAU, SAUCE AUX CHAMPIGNONS

PRÉPARATION 15 MIN • CUISSON 20 MIN

ingrédients pour 4 personnes

- **4 grenadins de veau**
- **1 filet d'huile neutre**
- **Sel, poivre du moulin**

Pour la sauce aux champignons
- **150 g de champignons de Paris**
- **2 échalotes**
- **15 g de beurre**
- **10 cl de bouillon de volaille**
- **3 c. à s. de crème fraîche**
- **1 c. à s. de persil ciselé**
- **Sel, poivre du moulin**

1 Préparez la sauce aux champignons. Rincez, séchez puis détaillez les champignons en lamelles. Épluchez et hachez finement les échalotes, faites-les revenir dans le beurre pendant 3 minutes. Ajoutez les champignons et faites-les suer pendant environ 5 minutes, sur feu moyen, jusqu'à ce qu'ils aient rendu leur eau.

2 Versez le bouillon de volaille et laissez réduire puis incorporez la crème fraîche, salez et poivrez puis faites à nouveau réduire sur feu doux, jusqu'à ce que la sauce soit onctueuse. Réservez au chaud.

3 Faites chauffer une poêle avec le filet d'huile. Saisissez les grenadins, sur feu moyen, 1 minute de chaque côté puis 2 minutes sur feu doux. Salez et poivrez.

4 Servez les grenadins avec la sauce aux champignons, parsemés de persil ciselé.

TENDRONS DE VEAU À LA CRÈME

PRÉPARATION 10 MIN • CUISSON 20 MIN

ingrédients pour 4 personnes

- **5 échalotes**
- **30 g de beurre**
- **1 c. à s. d'huile**
- **1 kg de tendrons de veau coupés en morceaux**
- **Le jus d'1 petit citron**
- **20 cl de crème fleurette**
- **2 c. à s. de persil ciselé**
- **Sel, poivre du moulin**

1 Épluchez et ciselez les échalotes.

2 Faites chauffer le beurre avec l'huile dans une cocotte, faites-y dorer les tendrons de 8 à 10 minutes, selon leur épaisseur, sur feu doux.

3 Retirez-les de la cocotte et égouttez-les sur du papier absorbant. Remplacez-les par les échalotes ciselées et faites-les dorer. Déglacez avec 5 cl d'eau, ajoutez le jus de citron, laissez complètement réduire puis incorporez la crème fleurette. Fouettez l'ensemble, salez et poivrez. Remettez les tendrons dans la cocotte, faites-les réchauffer dans la crème pendant quelques minutes.

4 Hors du feu, parsemez de persil ciselé et servez avec une poêlée de champignons.

Recettes
du
lendemain

COMPOTÉE DE BŒUF

PRÉPARATION 20 MIN • CUISSON 35 MIN

ingrédients pour 4 personnes

- **600 g environ de bœuf cuit (restes de pot-au-feu, de bourguignon, de queues de bœuf...)**
- **250 g de carottes cuites**
- **3 échalotes**
- **25 g de beurre**
- **15 cl de vin rouge**
- **15 cl de bouillon de cuisson filtré ou de bouillon de bœuf**
- **200 g de champignons de Paris**
- **Sel, poivre du moulin**

1 Désossez la viande si nécessaire puis effilochez-la. Coupez les carottes en morceaux.

2 Émincez les échalotes, faites-les revenir dans le beurre puis ajoutez le vin et le bouillon, laissez réduire pendant 10 minutes.

3 Lavez et séchez les champignons, coupez-les en quartiers. Faites-les suer dans le beurre puis ajoutez-les aux échalotes.

4 Ajoutez la viande et les carottes à la sauce et laissez mijoter pendant 15 minutes. Salez, poivrez et servez chaud avec des pâtes ou des pommes de terre.

MEATLOAF

PRÉPARATION 10 MIN • CUISSON 40 MIN

ingrédients pour 6 personnes

- **400 g de viande cuite hachée (bœuf, porc, agneau, veau, poulet)**
- **250 g de chair à saucisse**
- **10 cl de lait**
- **140 g de chapelure**
- **2 c. à s. de sauce Worcestershire**
- **2 c. à c. de graines de cumin**
- **2 c. à c. de thym**
- **2 œufs**
- **Huile pour le moule**
- **2 c. à s. de sauce barbecue**
- **Sel, poivre du moulin**

1 Préchauffez le four à 150 ° C (th. 5).

2 Mélangez la viande cuite hachée avec la chair à saucisse, le lait, la chapelure, la sauce Worcestershire, les graines de cumin et le thym. Salez et poivrez.

3 Battez les œufs en omelette et ajoutez-les au mélange. Malaxez l'ensemble jusqu'à ce qu'il soit homogène.

4 Huilez un moule à cake et tassez-y la préparation. Enduisez la surface de sauce barbecue à l'aide d'un pinceau de cuisine.

5 Enfournez de 35 à 40 minutes. Testez la cuisson avec la lame d'un couteau : celle-ci doit ressortir sans traces. Démoulez le meatloaf et coupez-le en fines tranches.

6 Servez-les avec des cornichons, de la moutarde, du ketchup ou de la sauce barbecue.

RIBOULADE

PRÉPARATION 15 MIN • CUISSON 50 MIN

ingrédients pour 4 personnes

- **2 oignons**
- **2 poivrons rouges**
- **2 tomates**
- **300 g environ de restes de viande (bœuf, porc, veau, poulet...)**
- **3 c. à s. d'huile**
- **250 g de riz**
- **1 c. à s. de concentré de tomate**
- **1 c. à s. de persil ciselé**
- **Sel, poivre du moulin**

1 Épluchez et émincez les oignons. Lavez les poivrons et pépinez-les et coupez-les en fines lanières. Détaillez les tomates en cubes. Coupez la viande en cubes ou en lamelles.

2 Faites revenir les oignons dans 2 cuillerées à soupe d'huile pendant 5 minutes puis ajoutez les poivrons, laissez cuire pendant environ 15 minutes, jusqu'à ce qu'ils soient tendres. Ajoutez les dés de tomate et le riz, mélangez pendant 2 minutes puis incorporez le concentré de tomate. Mélangez à nouveau puis versez de l'eau chaude à hauteur.

3 Laissez cuire à petits frémissements en mélangeant fréquemment pendant environ 25 minutes, jusqu'à ce que le riz soit cuit.

4 Faites sauter les lamelles de viande dans une poêle, séparément, avec le restant d'huile, incorporez-les 5 minutes avant la fin de la cuisson du riz.

5 Salez et poivrez, servez chaud, parsemez de persil ciselé.

BOULETTES DE VEAU, SAUCE AU THON

PRÉPARATION 20 MIN • CUISSON 10 MIN

ingrédients pour 4 personnes

- **70 g de pain de mie (ou de pain rassis sans croûte)**
- **10 cl de lait**
- **350 g de restes de veau cuit**
- **2 oignons nouveaux avec leurs tiges (ou 2 échalotes et 1/4 de botte de ciboulette)**
- **50 g de parmesan râpé**
- **1 pincée de piment**
- **1 œuf battu**
- **2 c. à c. d'origan déshydraté**
- **5 c. à s. d'huile neutre**
- **Sel, poivre du moulin**

Pour la sauce au thon
- **150 g de thon au naturel**
- **1 c. à s. de câpres au sel dessalées**
- **3 anchois dessalés**
- **100 g de crème fraîche**
- **1 c. à c. de moutarde**
- **1 filet de jus de citron jaune**
- **1 pincée de piment**

1 Préparez la sauce. Égouttez le thon dans une passoire et mixez-le avec les câpres, les anchois, la crème, et la moutarde. Assaisonnez d'1 filet de jus de citron et d'un peu de piment. Réservez au frais.

2 Coupez le pain en morceaux, disposez-les dans un saladier, couvrez-les de lait et laissez reposer.

3 Hachez la viande cuite au mixeur ou au hachoir à viandes.

4 Émincez finement les oignons nouveaux ainsi que leurs tiges.

5 Essorez la mie de pain en la pressant avec le poing, rassemblez tous les ingrédients dans un récipient creux, salez et poivrez puis malaxez jusqu'à ce que le mélange soit homogène.

6 Formez des boulettes de la taille d'une grosse noix et faites-les cuire environ 10 minutes dans une poêle chaude avec l'huile.

7 Servez les boulettes chaudes avec la sauce au thon.

RÔTI DE VEAU FAÇON CARPACCIO

PRÉPARATION 20 MIN • REPOS 30 MIN

ingrédients pour 4 personnes

- **400 g environ de restes de rôti de veau**
- **100 g de roquette**
- **5 c. à s. d'huile d'olive**
- **40 g de parmesan**
- **1 c. à s. bombée de câpres au sel, dessalées (facultatif)**
- **1 c. à s. de persil ciselé**
- **Sel, poivre du moulin**

1 Enroulez le rôti de veau bien serré dans du film alimentaire, réservez-le 30 minutes au congélateur.

2 Lavez et essorez la roquette, réservez 1 poignée pour décorer, assaisonnez le reste d'1 cuillerée à soupe d'huile d'olive, de sel et de poivre.

3 Détaillez le parmesan en copeaux à l'aide d'un épluche-légumes. Hachez grossièrement les câpres.

4 Sortez la viande du congélateur et avec un couteau bien affûté, coupez-la en tranches très fines. Répartissez-les au fur et à mesure dans un plat, arrosez d'huile d'olive restante, salez légèrement et poivrez puis parsemez de copeaux de parmesan, de câpres hachées et de persil ciselé.

5 Servez le carpaccio bien frais avec la roquette assaisonnée.

Index

P

Q - R

Remerciements

Je ne remercierai jamais assez Valérie Solvit, qui a été la première à aimer notre métier et à le dire haut et fort. Avec allure, avec panache, elle a fait de la Boucherie de Tradition Française de la haute couture pour tous. Elle a rendu le plus bel hommage à ce que la France a de meilleur, par la joie, par la beauté, parce que ce qui est vrai, ce qui est bon, ne peut être que beau.

Et un grand merci à ma famille, mes amis et plus particulièrement mon fils Edgar qui, au quotidien, est un déclencheur de bonheur inégalé !

Julie Soucail remercie Le Creuset : www.lecreuset.fr, Marie Lautrou, céramiste : www.pmpm.fr ; Caravane : www.caravane.fr ; Jars : www.jarsceramistes.com ; La Trésorerie : www.latresorerie.fr

Création graphique : Marina Delranc
Secrétariat d'édition : Sophie Greloux